TRUMP
NUNCA DESISTA!

Preencha a **ficha de cadastro** no final deste livro
e receba gratuitamente informações
sobre os lançamentos e as promoções da
Editora Campus/Elsevier.

Consulte também nosso catálogo
completo e últimos lançamentos em
www.campus.com.br

DONALD J. TRUMP
com Meredith McIver

TRUMP
NUNCA DESISTA!

Tradução
Alessandra Mussi Araujo

Do original: *TRUMP: Never give up*
Tradução autorizada do idioma inglês da edição publicada por John Wiley & Sons, Inc.
Copyright © 2008 by Trump University

© 2008, Elsevier Editora Ltda.

Todos os direitos reservados e protegidos pela Lei 9.610 de 19/02/1998.
Nenhuma parte deste livro, sem autorização prévia por escrito da editora,
poderá ser reproduzida ou transmitida sejam quais forem os meios empregados:
eletrônicos, mecânicos, fotográficos, gravação ou quaisquer outros.

Copidesque: Andréa Campos Bivar
Editoração Eletrônica: Estúdio Castellani
Revisão Gráfica: Mariflor Brenlla Rial Rocha e Edna Rocha

Projeto Gráfico
Elsevier Editora Ltda.
A Qualidade da Informação.
Rua Sete de Setembro, 111 – 16º andar
20050-006 Rio de Janeiro RJ Brasil
Telefone: (21) 3970-9300 FAX: (21) 2507-1991
E-mail: *info@elsevier.com.br*
Escritório São Paulo:
Rua Quintana, 753/8º andar
04569-011 Brooklin São Paulo SP
Tel.: (11) 5105-8555

ISBN 978-85-352-2891-5
Edição original: ISBN 978-0-470-19084-5

Nota: Muito zelo e técnica foram empregados na edição desta obra. No entanto, podem ocorrer erros de digitação, impressão ou dúvida conceitual. Em qualquer das hipóteses, solicitamos a comunicação à nossa Central de Atendimento, para que possamos esclarecer ou encaminhar a questão.

Nem a editora nem o autor assumem qualquer responsabilidade por eventuais danos ou perdas a pessoas ou bens, originados do uso desta publicação.

Central de atendimento
Tel.: 0800-265340
Rua Sete de Setembro, 111, 16º andar – Centro – Rio de Janeiro
e-mail: *info@elsevier.com.br*
site: *www.campus.com.br*

CIP-Brasil. Catalogação-na-fonte.
Sindicato Nacional dos Editores de Livros, RJ

T791t   Trump, Donald, 1946-
   Trump, nunca desista! : transforme seus maiores desafios
 em sucesso / Donald J. Trump com Meredith McIver ; tradução
 Alessandra Mussi Araujo. – Rio de Janeiro : Elsevier, 2008.

   Tradução de: Trump never give up
   Apêndice
   ISBN 978-85-352-2891-5

   1. Sucesso nos negócios. 2. Empresas – Falência.
 I. McIver, Meredith. II. Título.

08-1579.   CDD: 658.4092
             CDU: 658

Aos meus pais,
Mary e Fred Trump

AGRADECIMENTOS

É um prazer trabalhar com minha equipe na Trump Organization, que inclui: Rhona Graff, Meredith McIver, minha co-autora, e Kacey Kennedy, nossa coordenadora de fotos. Seus esforços e eficiência facilitam meu trabalho, e sou grato pela ajuda. Também quero citar outros integrantes da Trump Organization, a saber: Allen Weisselberg, Ivanka Trump, Andy Weiss, George Sorial e Jeff McConney. Aprecio demais a dedicação de vocês. Um agradecimento especial vai para Julius Schwarz, da Bayrock, e para Jim Fazio.

Para a equipe da Trump University: esta parceria foi tão agradável quanto a de nosso primeiro trabalho, *Trump: Como chegar lá*, e gostaria de agradecer a Michael Sexton e sua encantadora equipe pelo desempenho formidável.

A Richard Narramore, editor sênior da John Wiley & Sons, e a Micheline Frederick, gerente de produção, meus cumprimentos pelo contínuo e excelente trabalho. Quero agradecer também a Mike Freeland, capista.

D. J. T.

Introdução

O QUE PASSA EM MINHA CABEÇA QUANDO ESCUTO UM "NÃO"

Este livro é sobre um tema que cala fundo em meu coração – nunca desista. Nem preciso dizer, mas tenho muita experiência nessa área e acredito ter alguns insights interessantes. Já escrevi diversos livros e não preciso do dinheiro, mas este é um assunto que domino o suficiente para dedicar um tempo e escrever a respeito.

Deparei-me com o primeiro grande "não" quando comecei minha carreira em Manhattan, nos anos 70, e todos, *sem exceção*, diziam que era um momento terrível para o setor de imóveis. Mesmo os profissionais bem estabelecidos diziam isso. Eles falavam a verdade – ninguém podia negar o fato de que o mercado estava definitivamente desaquecido. Para piorar, havia fortes rumores de que a cidade de Nova York estava à beira da falência. O governo federal anunciou a moratória dos subsídios de moradia. A cidade, que recebia o auxílio em abundância, passou a receber nada da noite para o dia.

Mas se eu considerasse apenas os fatos, nada promissores, jamais teria me aventurado no setor de imóveis. Mas não me detive. Por quê? Porque quando ouço um "não", ele se torna um desafio para mim. Acredito que o impossível, na verdade, costuma ser possível, desde que você esteja disposto a trabalhar com afinco e perceber que os problemas podem se transformar em oportunidades. A cidade de Nova York passava por dificuldades, mas talvez eu pudesse fazer alguma coisa a respeito. Esse tipo de atitude pode lhe permitir vencer obstáculos aparentemente intransponíveis. Quero que este livro o ajude a fazer exatamente isso.

Em minha trajetória, percebi que cada projeto traz um conjunto próprio de dificuldades e comecei a aprender a esperar por elas. Tudo bem, eu estava preparado. Essa é outra razão pela qual estou escrevendo este livro: para que você saiba que deve estar preparado e para tentar ajudá-lo com as situações que poderão aparecer em seu caminho. Nossas experiências não serão iguais, mas aprendi um bocado lendo outros autores e histórias e aplicando o que aprendi às situações de minha vida. Espero que o mesmo aconteça com você. Aprenda com meus problemas e experiências e conseguirá prever e vencer seus próprios desafios. Lembre-se: para mim, quanto maior o problema, maior a recompensa.

Aprendi também que o pessimismo não deve ser tolerado por muito tempo. Você pode até ficar cansado e desanimado por um minuto ou dois. Pessoalmente, quando estou estressado, gosto de jogar golfe ou dar uma volta pelo escritório. Mas o negativismo deve ser um estado de espírito muito temporário. É difícil, mas existe uma forma de coragem mental que pode ser cultivada – e você verá, nos capítulos que se seguem, alguns exemplos de como lidei com alguns golpes e reveses bem grandes. Sem dúvida, várias coisas são irritantes, portanto, não se surpreenda nem as superestime. Aprenda a enxergá-las em perspectiva. Neste livro você verá como aprendi a fazer isso.

Ter confiança em si mesmo é a chave para se tornar resiliente e começar a encarar as adversidades. Este livro é dedicado a fornecer-lhe a base – a capacidade e o desejo – da confiança: nunca desista!

Encontro você na roda dos vencedores.

DONALD J. TRUMP

Sumário

1 O pior momento de minha vida e como
dei a volta por cima: Um bilhão de dólares
por água abaixo ... 1

2 O fracasso não dura para sempre:
A totalidade e a arte do retorno ... 5

3 Diziam que O Aprendiz seria um grande erro:
Procure a melhor orientação que puder, depois
confie em sua intuição ... 8

4 Isto é um contratempo ou uma catástrofe?
Prepare-se para os imprevistos ... 12

5 Adoro uma boa briga: O Trump SoHo
Hotel Condominium ... 17

6 Relembrando o 11 de setembro: Se você não
desistir, poderá retribuir ... 23

7 Conte com problemas e estará pronto quando
eles chegarem: Levantando a Trump Tower ... 27

8 Perguntas freqüentes ... 32

9 Quando o outro lado esperar um duelo,
   ofereça uma parceria: Trump International
   Golf Links, Escócia   37

10 Afaste-se da multidão que vive reclamando:
   Você pode criar a sua sorte   42

11 Às vezes você tem de engolir o orgulho:
   Trump International Hotel & Tower, Nova York   44

12 Coragem não é a ausência, mas o domínio do medo   49

13 Seja um apaixonado – é a única maneira
   de mover montanhas: Construindo o Trump
   International Golf Club   52

14 Quando você vê grandes problemas, pode esperar
   por grandes oportunidades: Transformando um
   bairro dilapidado em um local de classe
   internaciona   56

15 Cultive o senso de descoberta: Uma carta de
   minha professora do jardim-de-infância   62

16 Saiba quando cortar os prejuízos: Por que me
   recuso a acreditar que Richard Branson
   é rico só porque é dono de uma companhia aérea   64

17 Negócios têm a ver com conhecimento do mundo   68

18 Se você achar que pode concluir um projeto de
   seis anos em seis meses, provavelmente conseguirá:
   Wollman Rink, Central Park, cidade de
   Nova York   71

19 Não deixe o medo detê-lo – mesmo diante de
   milhões de pessoas: Dúvidas continuarão a surgir,
   mesmo depois de você ter decidido ir em frente   76

20	Não se leve tão a sério	82
21	Às vezes, é preciso começar tudo de novo: Dubai	84
22	Disse a um amigo que ele era um tremendo perdedor: O poder do foco	88
23	Ajude a sua comunidade: Trump no oceano	90
24	Defendendo a bandeira	92
25	Se houver um problema com sua roupa diante de 10 mil pessoas, torne o incidente parte do show: Dois deslizes em apresentações públicas	94
26	Não seja complacente – pensar que você é infalível é meio caminho andado para cometer grandes erros: Como os novos projetos ocorrem na Trump Organization	98
27	Somente em Nova York! Essa cidade tem problemas e soluções que você não encontrará em nenhum outro lugar do mundo	104
28	Como aliviar o estresse	106
29	Você será criticado por tentar mudar alguma coisa Mar-a-Lago	108
30	Deixe tudo muito claro logo de início	115
31	Desista das pessoas que sempre reclamam	118
32	Seja paciente – talvez você tenha de esperar 30 anos por um negócio que valha a pena Uma história sobre West Side	120
33	As quatro etapas de Fred Trump para fazer as coisas acontecerem	125

34	A VIRADA SEMPRE COMEÇA COM PENSAMENTOS POSITIVOS E CRIATIVOS: CINCINNATI: 1.200 APARTAMENTOS EMBARGADOS	128
35	EXTRAIA O MÁXIMO DE CADA DIA	132
36	APRENDA UMA LIÇÃO COM MUHAMMAD ALI E COMIGO: SAIBA QUANDO É OPORTUNO SE GABAR BARULHO *VERSUS* CONTEÚDO *VERSUS* QUÍMICA	134
37	COMO EU FICARIA DE CABEÇA RASPADA? WRESTLEMANIA	137
38	QUANDO FOR ATACADO, REVIDE: UM LIVRO E UM PROCESSO	139
39	PROPRIEDADE DE PRIMEIRA LINHA AFUNDA NO PACÍFICO – E AGORA? TRUMP NATIONAL GOLF CLUB, EM PALOS VERDES, CALIFÓRNIA	142
40	ADOTE UMA VISÃO INTERNACIONAL	146
41	ONDE OUTROS FRACASSAM – ALI ESTÁ SUA OPORTUNIDADE: UMA HISTÓRIA DE WALL STREET	148
A	A LISTA DOS 10 PONTOS CRUCIAIS DE TRUMP PARA O SUCESSO	153
B	AS REGRAS DE NEGOCIAÇÃO DE TRUMP	155
	ÍNDICE	157

1

O PIOR MOMENTO DE MINHA VIDA E COMO DEI A VOLTA POR CIMA

Um bilhão de dólares por água abaixo

O que você faz quando o mundo todo diz que está tudo acabado? Tive um assombroso revés no início dos anos 90 e cheguei a entrar no *Guinness Book of World Records* por dar a maior guinada financeira da história. Não recomendo a ninguém esse objetivo, mas quando você estiver na corda bamba das finanças, a idéia lhe dará uma certa perspectiva que poderá ser útil.

Dizem que o que me torna acessível aos outros — além de minha participação em *O Aprendiz* onde mostro como trabalho no mundo dos negócios — é que enfrentei tremendas adversidades. Isso é algo com que todo mundo se identifica. A diferença pode estar na quantidade de zeros dos números, mas a questão é que as pessoas podem estabelecer um paralelo entre suas dificuldades e as minhas. Não acredito que alguém consiga levar uma vida totalmente isenta de desafios. Como um escritor descreveu a jornada da vida: "Ninguém sai dessa vivo." Isso é um tanto existencial, mas quando você está alguns bilhões de dólares no vermelho, a idéia pode levá-lo a pensar em novas dimensões.

Minha situação no início dos anos 90 não parecia nada boa. Tinha bilhões em empréstimos que não podia pagar e uma garantia pessoal de US$975 milhões dessa dívida. Poderia ter falido facilmente. Isso não surpreenderia ninguém, pois sempre fazia as coisas em grande estilo, portanto, meus grandes "altos" seriam seguidos por "baixos" à altura. E eu estava numa tremenda baixa. Os bancos atrás de mim. As pessoas me evitavam. Estávamos numa recessão, e o mercado imobiliário praticamente desaparecera do mapa. Era um cenário desanimador.

Em março de 1991, o *Wall Street Journal* e o *New York Times* publicaram matérias de capa – no mesmo dia! – com detalhes de meu tremendo apuro e da total ruína financeira que aconteceria a qualquer momento. As estações de rádio repetiam a história, e a queda de meu império era notícia de destaque no mundo todo. Eles tinham certeza de que eu estava acabado. Essa seria uma história fantástica, não fosse pelo fato de que o protagonista era eu.

Eu passava pela situação mais difícil de toda a minha vida. Os telefones de meu escritório não tocavam – fato inédito até então. Na verdade, de uma hora para a outra, fiquei com muito tempo livre para pensar e analisei a situação objetivamente. Ficou claro que, em grande parte, eu me encontrava naquela situação porque perdera a perspectiva e começara a acreditar nas histórias de eu ter "o toque de Midas" quando se tratava de negócios. Em outras palavras, eu havia me tornado complacente. Minha força não estava onde deveria estar.

Entretanto, *desistir* é algo que nunca passou em minha mente. Nem por um segundo, e acho que é por isso que confundo meus críticos. Eles tentavam me crucificar, mas provocavam o efeito contrário – as alfinetadas apenas me incentivaram a querer me reerguer em grande estilo. Sabia que conseguiria provar que estavam errados com minha teimosia, tenacidade e por jamais me entregar ou desistir. Tornei-me uma pessoa mais forte rapidamente naquela época. Não estou aconselhando-o a procurar o mesmo tipo de pressão, mas saiba que, se passar por alguns reveses, a recusa em desistir provavelmente será a melhor estratégia.

De onde veio essa força? Não sei ao certo, mas o fato de a imprensa ter me jogado para escanteio como alguém que "já foi" ou um "derrotado" talvez tenha alguma coisa a ver com isso. Também aprendi que os problemas geralmente são oportunidades disfarçadas. Comecei a ver minha situação, acredite ou não, como uma grande oportunidade. Tinha uma excelente chance de mostrar à imprensa e a meus críticos e inimigos que eles teriam de se haver comigo e que eu não era apenas um sucesso passageiro. Essa perspectiva deu-me ânimo e foi uma forma de encarar a situação positivamente.

Então houve um momento decisivo, que foi minha mudança de atitude. Meus contadores ainda se lembram da noite em que estavam na sala de reunião, tarde da noite, atordoados, e de repente entrei para falar de vários novos projetos que acabara de conseguir para nós. Além de numerosos, os contratos movimentariam muito dinheiro. Estava exultante e minhas descrições eram entusiasmadas e otimistas. Eles pensaram que eu enlouquecera, que talvez estivesse sofrendo alucinações por causa da pressão, mas eu atingira um ponto em que sabia que chegara a hora de ir em frente. Eu não estava fingindo – estava pronto. Toda a pressão financeira ficaria para trás em pouco tempo, eu disse à equipe. Eu realmente acreditava nisso.

Esse foi o momento da virada. Tomamos a decisão unânime de nos concentrarmos na solução, não no problema. Esta é outra lição importante: *Mantenha o foco na solução, não no problema!*

É estranho, mas fazendo uma retrospectiva, penso que minha quase-falência tornou-me um empresário melhor. Tive de ser criativo para escapar de ser enterrado vivo. Também contei com algo que gostaria de abordar aqui: o pensamento positivo. Acredite, funciona. Foi o que me trouxe até aqui – muito mais rico e bem-sucedido do que era antes do revés do início dos anos 90.

Se algum dia imaginei figurar no *Guinness Book of World Records*? Não, mas entrei na lista por causa dessa guinada e tenho orgulho disso. Às vezes a adversidade funciona assim. Deixe-a trabalhar a seu favor.

CONSELHO DE TRUMP

Grande parte do sucesso depende de sua capacidade de lidar bem com a pressão. Pode parecer um fato duro da vida, e é, mas você pode fazer algo a respeito. Imagine-se como um vitorioso. Concentre-se nisso em vez de se lamentar em dúvidas e medos. Fixe-se em soluções e insights objetivos. A pressão pode diminuir e desaparecer quando você a enfrenta com uma incansável atitude positiva. Mesmo que você não seja invencível, aja como se o fosse. Isso ajuda!

2

O FRACASSO NÃO DURA PARA SEMPRE

A totalidade e a arte do retorno

Insisto na importância da *totalidade*. Trata-se de uma combinação de todos os componentes da vida que nos tornam saudáveis, felizes e produtivos. Para mim, o oposto de totalidade é o fracasso. Quando isso acontece, e às vezes é inevitável, o melhor remédio é prosseguir, perceber que o fracasso não é *permanente* e focar-se de imediato na direção certa. Em última análise, uma solução aparecerá.

Não quero parecer um curandeiro, mas há algo profundo e simples em encarar o fracasso como falta de totalidade. Mais que isso: trata-se de uma postura *eficaz*. Acreditar que uma situação negativa é temporária e inadequada lhe dará o ímpeto para tomar uma atitude a respeito, bem como a virtude e a energia para consertar a situação. Ficar infeliz e improdutivo não faz parte do meu jogo e não deve fazer parte do seu. Veja a situação como inaceitável, como algo que lhe tira da totalidade, e se sentirá motivado a se livrar dela o mais rápido possível.

Quando tive um revés financeiro, no início dos anos 90, enxerguei a situação mais como uma aberração do que como uma sentença final. Sabia como era quando estava em minha totalidade e tudo o que precisava fazer era voltar àquele estado. Sentia que todos esperavam por uma guinada minha, inclusive eu. Só precisava dar um passo para recuperar a força e foi o que fiz. O processo todo não foi concluído da noite para o dia, mas as coisas começaram a se ajeitar.

Vejo algumas pessoas totalmente engolidas por seus fracassos. A pior coisa que você pode fazer a si mesmo é acreditar que o azar é seu destino. Nada disso! Não só a inteligência ou a sorte nos coloca no lugar certo, mas sim a tenacidade diante da adversidade. Alguns vêem os problemas como má sorte, eu não. As dificuldades fazem parte da vida e grande parte dos negócios. Quanto maior o negócio, maior sua vida e maiores os problemas. Estar preparado para isso lhe poupará de muito desgaste emocional e intelectual, e até mesmo de doenças.

Conheço pessoas que fizeram mais do que dar a volta por cima: superaram verdadeiras tragédias. Existe adversidade e existe tragédia. Pensar que se trata de coisas distintas é uma maneira de manter uma visão objetiva de seus verdadeiros problemas. Sua situação pode ser dura, mas pode apostar que outros enfrentaram coisas muito piores. Uma forma de pavimentar seu caminho para um retorno (ou para a primeira vitória) é ler sobre pessoas que tiveram coragem diante de perspectivas desastrosas. Acredito que elas sentiram que tinham obrigação de vencer e, em alguns casos, de sobreviver. É assim que me sinto. Tive o privilégio de ter uma família formidável, uma educação excelente e faço questão de reconhecer esses privilégios – isso me leva a esperar sempre o melhor de mim.

Você pode ter a mesma atitude, a despeito da situação ou de seu histórico. Quando o fracasso cruzar seu caminho, acredite que você é importante, que pode superar a dificuldade e, o fundamental, que o sucesso é o que se espera de você. Garanto que ficará surpreso com o que é capaz de fazer adotando essa postura. Não se trata de simples sobrevivência ou sucesso, é uma questão de obrigação. Um senso de dever em relação à totalidade ajudará muito em sua trajetória rumo ao sucesso pessoal e profissional.

Na época de meus maiores problemas financeiros, aprendi que era resiliente e tinha um inabalável senso de sucesso capaz de me livrar do buraco, a despeito do que diziam os jornais. Isso me leva a outro nível de pensamento bem parecido com a sabedoria: a fé. As pessoas podem ajudá-lo, mas você terá de desenvolver sua fé sozinho. A fé em si pode provar-se uma força muito poderosa. Trabalhe nisso diariamente. Às vezes, em meio a uma batalha solitária, manter a autoconfiança e a mente positiva pode ser a força invisível que separa os vencedores dos perdedores. Estes são os que desistem.

Em suma: lute por sua totalidade, acredite em si mesmo, mantenha-se a todo vapor e persista em manter a resiliência. Não espere nada abaixo disso de si mesmo, e eu garanto que o sucesso se tornará uma situação permanente em sua vida, mesmo quando as circunstâncias externas dizem que não.

Nunca desista!

3

Diziam que *O Aprendiz* seria um grande erro

Procure a melhor orientação que puder, depois confie em sua intuição

Quando os *reality shows* surgiram alguns anos atrás, achei a idéia muito boa, mas eu não estava nem um pouco interessado em fazer um programa do gênero. Recebi vários convites, mas achava as idéias chatas e idiotas. Ter câmeras me seguindo em toda a parte, filmando quando estou escovando os dentes, penteando o cabelo, conduzindo reuniões e almoçando em minha mesa no escritório parecia uma interferência desnecessária. Recusei todos os convites sem pestanejar.

Alguns anos depois, Les Moonves, chefe da CBS Entertainment, pediu minha permissão para filmar a final ao vivo do *Survivor* no Wollman Rink (pista de patinação) no Central Park. (Com a renovação do contrato de aluguel do Wollman Rink, obtive o controle por um longo período.) Achei a idéia interessante e concordei. Quando cheguei e vi o rinque transformado em uma selva, tenho de admitir que fiquei surpreso. De repente, um jovem apareceu e se apresentou. Era Mark Burnett, e eu disse que sabia quem ele era e dispensei as apresentações. Mark rapidamente pediu para marcarmos uma reunião para conversar sobre uma nova idéia que lhe ocorrera. Eu disse que tudo bem.

Cerca de uma semana depois, ele veio a meu escritório e depois de alguns minutos de conversa preliminar, disse-me que tinha uma nova idéia para um *reality show* na selva, a única coisa é que a floresta seriam as alamedas da cidade de Nova York e o mundo dos grandes negócios. Haveria uma série de entrevistas de emprego durante 13 semanas, e o vencedor seria meu aprendiz na vida real, trabalhando na Trump Organization. Haveria também um teor educativo implícito, o que me atraiu de imediato. Um *reality show* com conteúdo seria um novo conceito para todos, e eu disse a Mark que estava interessado.

O próximo passo seria vender o projeto para as principais redes de televisão. Todos queriam o programa e adoraram a idéia. Procuramos a NBC, que também transmite os concursos de Miss Universo, Miss Estados Unidos *e* Miss Teen USA, pelos quais sou responsável. Em virtude de meu sólido relacionamento com a emissora, esse era um negócio praticamente fechado.

Agora vejamos alguns dos desafios. Ninguém, com exceção de Mark Burnett e do pessoal da NBC, ficou entusiasmado com minha participação em O *Aprendiz*. Meus conselheiros acharam a idéia arriscada, que seria um fiasco e prejudicaria minha credibilidade como homem de negócios, que eu perderia o foco e que esse seria um enorme erro cometido diante do grande público. Quando lembro disso, fico espantado em ver como eles estavam determinados em me demover da idéia. "Esse será o maior erro de sua vida" foi a frase mais ouvida. Não senti o menor apoio. Analisei as considerações deles e torci para que estivessem errados, pois já havia dito a Mark Burnett que faria o programa. Minha intuição dizia que eu deveria prosseguir sem consultar ninguém.

O problema seguinte foi que Mark Burnett afirmou que precisariam, no máximo, de três horas de meu tempo por semana para as filmagens. Três horas para um programa exibido em horário nobre! Nada mal, pensei. Quando vi que as três horas se transformaram em 30, comecei a me preocupar. Afinal, eu comandava uma organização imensa e já trabalhava

12 horas por dia. Como daria conta disso? Cheguei a pensar que havia superestimado minha capacidade.

Decidi pensar no programa semana por semana, ciente de que precisaria de mais tempo que o planejado a princípio, mas que teria de viver com a sobrecarga por pouco tempo. Então, pouco a pouco, o programa tornou-se parte de minha rotina diária, mas meus dias pareciam definitivamente mais longos. Adaptei-me, todo mundo se adaptou, e o *reality* deu-me uma nova forma de energia. Se você estiver diante de uma situação que exija seu tempo, tente incluí-la em sua agenda. Você ficará surpreso com a quantidade de coisas que conseguirá fazer a cada dia.

O PONTO BAIXO

Na semana que antecedeu a estréia de *O Aprendiz*, em janeiro de 2004, lembro-me de pensar se aquela seria a última semana de minha respeitada existência. Não conseguia evitar essa preocupação diante de todos os conselhos negativos que recebera, apesar de toda a energia boa que captamos durante as filmagens. Seria que aquilo tudo aconteceu só por que era uma novidade para mim? Será que o programa era bom mesmo? E se fosse um desastre? Quanto tempo eu demoraria para me recuperar? Já havia muita atenção da mídia no programa. Um fracasso televisivo não seria nada fácil de superar. Essas idéias de pré-estréia foram o ponto baixo para mim porque eram preocupações cabíveis, não apenas nervosismo ou negatividade. O que me manteve firme foi lembrar de minha intuição que dizia: "Essa é uma grande idéia – vá em frente!"

Felizmente, o programa foi um sucesso e tornou-se rapidamente um campeão de audiência. Todos ficaram empolgados, e eu também, mas além disso eu me sentia aliviado. Assumira um grande risco. Uma coisa é um fiasco quando ninguém o conhece; quando você já é famoso, o golpe é pior. Se eu não tivesse assumido o risco de fazer o programa, contrariando meus conselheiros, nada disso teria acontecido. Um efeito colateral foi o fortalecimento de minha marca no mundo todo e o impressionante interesse da mídia em tudo o que eu fazia. Nada mais, nada menos que uma enorme propaganda gratuita. O êxito também me ajudou nos negócios. Então, quando digo que você deve assumir alguns riscos, tenho motivos para tanto.

CONSELHO DE TRUMP

Sempre digo que ouço todo mundo, mas que a decisão final é minha. Essa é uma boa postura diante da vida e dos negócios. Ouça as pessoas, mas nunca negue seus próprios instintos. Se eu desse ouvidos a todos, *O Aprendiz* nunca teria acontecido. Tivemos seis temporadas formidáveis e estamos nos preparando para rodar a sétima. O *reality show* continua sendo uma experiência fantástica para mim e para todos os envolvidos. Nada mal para um grande erro! No entanto, quando se assumem riscos, visto que nem sempre tudo dá certo, é melhor avaliar se as vantagens realmente compensarão.

4

Isto é um contratempo ou uma catástrofe?

Prepare-se para os imprevistos

O SEGUNDO EDIFÍCIO MAIS ALTO DOS ESTADOS UNIDOS

Acho que todo mundo já ouviu falar do *Chicago Sun-Times*. Pode ter certeza de que ele está na melhor localização da cidade, na North Wabash, à margem direita do rio, perto do famoso Wrigley Building. Queria o local para construir o Trump International Hotel & Tower/Chicago, e o consegui. É um lugar fantástico, e se você visitar Chicago e fizer um passeio arquitetônico de barco pela cidade, entenderá o que estou dizendo. Ao avistar o prédio, você perderá o fôlego, esteja ventando ou não – e olha que a construção só estará pronta em 2009. Por causa da fantástica forma assimétrica, o edifício domina a vista da ponte da Michigan Avenue e dos arredores da West Wacker Drive. Se visitá-lo, verá por que investi tanto tempo e esforços nessa construção.

Meus planos para o edifício em Chicago começaram no ano 2000, e o projeto foi anunciado como o maior edifício do mundo. Fiquei muito empolgado com a perspectiva, tinha certeza de que conseguiria, e fizemos

Donald J. Trump

Trump International Hotel & Tower Chicago

um trabalho brilhante. Entretanto, depois dos ataques terroristas de 11 de setembro de 2001, tive de reduzir os planos. Por mais que quisesse construir o prédio mais alto, não acho que construir um potencial alvo seja uma idéia inteligente. Então, mudamos um pouco o projeto.

Foi o início de algumas mudanças, na verdade. Tínhamos a Skidmore, Owings & Merrill à frente da arquitetura e eles apresentaram 50 modelos até chegarmos a um consenso. Esse projeto foi aprimorado depois dos comentários recebidos do Department of Planning (Secretaria de Planejamento), grupos da comunidade e críticos de arquitetura de Chicago, aos quais demos grande consideração. As revisões foram feitas em 2002, e o projeto foi aprovado. Mais tarde, em 2004, transformamos dez andares de escritórios em quartos de hotel e apartamentos, levando em conta os argumentos do pessoal de marketing. Finalmente começamos a construção no dia 17 de março de 2005, cinco anos depois de termos anunciado o projeto. Por essa cronologia, você pode ver que as coisas não acontecem da noite para o dia, mesmo se chamando Donald Trump.

Esse prédio será uma beleza. Terá 250.828m^2, 92 lojas e incorporará uma academia e um spa, um hotel de luxo cinco estrelas, condomínios, saguões executivos, lojas de varejo e garagens. As coberturas ocuparão os três últimos andares. Será a mais alta estrutura de concreto e o segundo mais alto edifício da América do Norte (o primeiro é o Sears Tower). O hotel deverá ser inaugurado em 2008 e a construção como um todo deverá estar pronta em meados de 2009. O custo ficará em torno de US$800 milhões. É um projeto imenso.

O PONTO BAIXO

Naturalmente, surgiram problemas – alguns bem grandes. Três meses depois de começarmos a construção dos alicerces, descobrimos um vazamento de água do rio de Chicago para o terreno do prédio. Como a fundação estava sendo colocada abaixo do nível do rio, sempre haveria a possibilidade de o velho tabique não suportar o volume de água. Entretanto, o problema maior era que a água entrava através do canto em que o tabique e a ponte da Wabash Avenue se encontravam. Como esse poderia ser um problema grave, tratamos o assunto com total seriedade. Algum tempo depois, você consegue enfrentar os problemas sem se aborrecer, desde que adote a postura certa e saiba o que está fazendo.

Outro elemento da construção que teve um desdobramento inesperado foi o projeto estrutural. No conceito original, o térreo e os primeiros 14 andares foram projetados para ser uma estrutura de aço, com concreto reforçado nos andares superiores. Numa fase avançada do processo de design, enquanto fazíamos concorrências para a obra, descobrimos uma grande alta nos preços das commodities de aço no mundo todo em virtude do crescimento industrial na China, que absorvia grande parte do suprimento mundial. Voltamos à prancheta e refizemos o projeto todo em concreto, economizando vários milhões de dólares e simplificando a logística da construção.

Também achávamos que as caixas de concreto (suportes) para construção da torre, submersas no leito de rocha, faziam muito barulho durante a construção, mas tínhamos esperança de que os vizinhos agüentassem o batuque proveniente da fixação de 241 delas no leito de rocha. Cerca de um quarto dos suportes desceu mais de 33m na pedra calcária, o que nos dá a idéia da imensidão do projeto. Concluímos essa fase sem fazer muitos inimigos. Como cada uma das colunas carrega mais de 6,3 milhões de quilos, o sistema de suporte tem de ser meticulosa e cuidadosamente elaborado e implementado.

Tivemos outro problema logo no início do jogo quando perdemos nossos parceiros, Conrad Black e o *Chicago Sun-Times*, em virtude de um escândalo corporativo e denúncia formal (espero que Conrad agüente firme, pois tem passado por poucas e boas). Fizemos um acordo para comprar sua participação no projeto. Mais recentemente, perdemos nosso arquiteto na Skidmore, Owings & Merrill, que pediu demissão da empresa. Essas podem ter sido grandes perdas, mas quer saber de uma coisa? Lidamos com elas e seguimos em frente. Estamos preparados para problemas que podem surgir no caminho e, como bons soldados, não paramos a caminhada. Como general, tenho de admitir, com responsabilidade, o fato de que as coisas terão um desenrolar próprio, por mais que nos preparemos para um determinado projeto, mas isso não nos demoverá do empenho em fazer os melhores planos e manter o foco – assim conseguimos a resiliência para nos recompormos imediatamente após os reveses. Nossos planos e nossa capacidade de resolver problemas são fortes o suficiente para darmos continuidade ao trabalho, sem interrupções.

As coisas também têm seu lado bom. Por exemplo, economizamos US$1 milhão reutilizando o velho tabique do rio do edifício do *Sun-Times*. Tivemos a grata surpresa de descobrir que não teríamos de fazer uma grande limpeza no terreno porque o jornal adotara tinta à base de soja no lugar da feita à base de petróleo nos anos 70, o que reduzira muito a poluição do solo. Às vezes, quando começamos a pensar em todos os problemas, uma boa idéia é nos concentrarmos um pouco em alguns pontos positivos da situação.

CONSELHO DE TRUMP

Quando acontecem coisas fora do planejado, pergunte a si mesmo: "isso é um contratempo ou uma catástrofe?" Tivemos alguns contratempos em nossa construção em Chicago e provavelmente teremos mais alguns, mas mesmo assim ela continua sendo um empreendimento e uma experiência fantástica. Você terá problemas quando encarar um grande projeto? Sem dúvida. Deixará que eles o desviem do caminho? Absolutamente não.

Deixe sua paixão pelo trabalho conduzi-lo ao longo de todas as dificuldades que possam surgir. Sejam ventos, água, demissões, escândalos, não importa, você vencerá. A certeza de superar esses perigos é gratuita e chama-se: *nunca desista!*

Depois de um tempo, você conseguirá aceitar os problemas com calma, se tiver a postura correta e souber o que está fazendo. Tenha a resiliência de se recompor de imediato e mudar o rumo, se precisar, depois de um revés.

5

Adoro uma boa briga

O Trump SoHo Hotel Condominium

O SoHo passou a ser um bairro chique de uns anos para cá, e esperei muito tempo para ingressar na região como empreendedor imobiliário. Sabia que seria uma batalha conseguir alguma coisa por lá, pois a maior parte do SoHo consiste em prédios baixos e está sujeita a rigorosas leis de zoneamento. Duvido que alguém imagine o SoHo como um centro industrial, mas por razões históricas, é assim que grande parte do bairro está zoneada. Portanto, construir uma estrutura residencial onde eu queria não seria permitido. No entanto, poderia erguer um hotel lá. Quando soube disso, pensei num misto de hotel e condomínio – um verdadeiro arranha-céu.

O SoHo é tido como a meca das artes, do cinema, dos fãs da moda; conta com mais de 250 galerias de arte, cem lojas de decoração e mais de 200 restaurantes. Ou seja, é uma área fantástica para se visitar e melhor ainda para morar. Acredito que o SoHo merecia – e estava pronto para – um hotel de primeira classe do século XXI.

A torre de US$450 milhões e 45 andares que pretendia construir com meus parceiros, o Bayrock Group e a Sapir Organization, naturalmente deparou-se com a oposição frenética dos políticos e ativistas da comunidade local. Mas eu não os deixaria nos deter. Anunciei minha intenção em 6 de junho de 2006, no programa *O Aprendiz*. A despeito de toda a oposição, em 8 de maio de 2007, tive o prazer de saber que as autoridades municipais aprovaram a construção desse condo-hotel. Ao longo do caminho, tivemos alguns problemas, o que não foi uma grande surpresa.

O maior obstáculo foi a altura do prédio. O SoHo é um bairro de construções baixas, e esse projeto mudaria significativamente o horizonte local. Seria o edifício mais alto entre o centro da cidade e o distrito financeiro. Até que o zoneamento do SoHo permite prédios altos, o problema é que ninguém fez esse tipo de construção na região. Queríamos mudar isso. As leis "de sobreelevação" – o direito de construir mais alto – já em vigor tornam perfeitamente legal a construção de um arranha-céu. Na verdade, acrescentamos vários andares ao projeto do hotel adquirindo os direitos de sobreelevação das propriedades da vizinhança.

Trump SoHo Hotel Condominium em Nova York

Embora tivéssemos o direito de construir um hotel com a altura que quiséssemos, o fato de sermos os pioneiros nesse tipo de projeto foi um empecilho. Nossa proposta representou a primeira ocasião em que o Department of Buildings da cidade de Nova York teve de analisar a construção de um condo-hotel em um dos bairros industriais do município, nos quais o uso residencial não era permitido. Juntos, as antiquadas leis de zoneamento da cidade e os moradores locais criaram obstáculos formidáveis.

A cidade de Nova York (diferentemente de quase todas as outras grandes cidades de destino nos Estados Unidos) nunca havia sido confrontada com a proposta de um hotel composto totalmente de condomínios. A principal consideração de zoneamento seria que as unidades não pudessem ser a residência de seus proprietários, mas, sim, destinadas à ocupação transitória. Ou seja, tínhamos de provar ao Department of Buildings que o Trump SoHo não seria um prédio residencial, mas sim um local destinado a estadias curtas, e eu acreditava piamente que conseguiríamos convencer as autoridades municipais disso.

Um condo-hotel não é um apartamento. Sua premissa básica é que os compradores têm o direito de uso das unidades do condomínio por um determinado número de dias ao ano e, quando o dono não está ocupando sua unidade, ela é alugada como um quarto de hotel. É um arranjo formidável, pois o dono e a administradora lucram com isso. As unidades do Trump SoHo não foram projetadas para funcionar como residências permanentes, nem um proprietário usaria sua unidade dessa forma (a aparência, a sensação e o design de um hotel de luxo são muito distantes dos de uma residência). Trabalhamos sem cessar com a cidade para deixar nossas intenções claras.

Como esperado, a cidade em peso caiu matando, e a Greenwich Village Society for Historical Preservation disse que o projeto era um "cavalo de Tróia" feito para entrarmos sorrateiramente com condomínios nos bairros fabris espalhados pela cidade. Disseram que meus motivos eram completamente obscuros. Não entendo como um prédio de 45 andares poderia ser considerado uma operação oculta, mas dá para ter uma idéia do burburinho. Houve manifestações e alianças de bairro que deixaram claro que eu não seria bem-vindo. Algo mais? No ínterim, a maioria silenciosa do bairro acabou apoiando o projeto e passou a vê-lo sem distorções: uma grande atração para o turismo e os negócios. O projeto proporcionará melhorias significativas para a região, artificialmente oprimida há anos em virtude do resultado de seu antiquado zoneamento de bairro industrial.

Apesar da minoria barulhenta, eu não estava disposto a desacelerar. Começamos as escavações em 2006, mesmo sem ainda ter recebido a aprovação para construir acima do solo.

Foi então que surgiu outro problema.

Em dezembro daquele ano, os empreiteiros encontraram restos mortais humanos, mais tarde identificados como ossadas de mais de um século. Interrompemos a obra voluntariamente na hora. A polícia chegou e a prefeitura ordenou que parássemos a obra. Essa pode não ter sido uma medida legal, mas concordamos sem hesitar. Contratamos uma equipe de arqueólogos para escavar e identificar os esqueletos. Nessa altura, tudo de que não precisávamos era de publicidade enquanto aguardávamos a aprovação, mas o assunto chegou à imprensa, e o diretor de uma sociedade de preservação da cidade resolveu fazer piada e chamar o projeto de Trump Condo Hotel & Mausoleum. É fogo, não é? Por fim, e apesar da comoção da imprensa, atacamos o problema dos esqueletos com vigor e conseguimos retomar a obra em uma semana.

Depois os blogueiros continuaram falando do hotel e das ossadas, assunto que fervilhou por mais um tempo. Também recebemos várias cartas de cidadãos e sociedades contrárias à construção do condo-hotel. Houve várias manifestações no local, e a controvérsia durou quase um ano. Além disso, fomos acusados de construir um alvo de 45 andares para ataques terroristas e publicaram uma charge on-line com um esqueleto e um penteado *a la* "heróis da resistência" como anúncio para o novo prédio. Uma coisa é certa: toda a cidade de Nova York e os nova-iorquinos sabiam que eu estava construindo um novo empreendimento. Alguém me disse que sou um excelente *promoter*, mas às vezes não preciso fazer nada para chamar atenção.

As críticas continuaram, e eu me sentia no olho de um furacão, mas tudo isso nos fortaleceu em nossa missão. A determinada altura, alguém conseguiu um de nossos primeiros rascunhos de material de marketing mencionando que as unidades seriam uma ótima oportunidade residencial, o que obviamente gerou uma explosão de ativistas e políticos. No entanto, mantivemos o foco em nosso objetivo: conseguir a aprovação. Sabíamos que não poderíamos mudar as leis de zoneamento nem construir segundo as leis vigentes se a construção fosse caracterizada como residência. Desse modo, nós nos concentramos fortemente em provar à prefeitura que o prédio não seria residencial e que seguiríamos as leis de zoneamento em vigor.

Mostramos à cidade que respeitávamos os limites específicos e muito claros referentes à ocupação. Minha equipe terminou negociando com a prefeitura durante meses um documento de seis páginas chamado Declaração Restritiva, o que demandou várias e longas reuniões em que as autoridades locais analisaram e criticaram (literalmente) cada vírgula das minutas. Fomos impermeáveis e transparentes no que oferecíamos. Nosso plano do condo-hotel trazia tudo preto no branco. Não havia nada oculto. Como resultado, conseguimos finalmente a aprovação – nossa proposta estava absolutamente dentro das leis de zoneamento do SoHo, e ninguém poderia dizer nada em contrário. Meu pai sempre dizia: "Saiba tudo o que puder sobre o que está fazendo", e segui seu conselho. Cada adversidade serviu de combustível, no que se transformou numa luta de proporções municipais.

Até hoje, o projeto do Trump SoHo segue lindamente. Don Jr. e Ivanka estão trabalhando no empreendimento comigo e meus parceiros Sean Yazbeck, vencedor da quinta temporada de *O Aprendiz,* e Julius Schwarz, da Bayrock.

Será uma maravilhosa, elegante e refinada aquisição para a região do SoHo. Serão mais de 2.300m² de área comercial, com um restaurante de primeira classe, um spa de quase 700m² e um centro de conferências de mais de 1.100m², sem falar na vista de 360 graus do 12º andar em diante. Teremos uma estonteante piscina redonda com chalés privativos com serviço completo, biblioteca particular, café, bar e restaurante, e posso garantir que meus vizinhos do SoHo acabarão adorando o local. O empreendimento valorizará os imóveis da região, em primeiro lugar, porque será uma beleza. Não deixe de visitar o famoso bairro industrial do SoHo quando vier a Nova York e confira.

Esse empreendimento no SoHo causou mais problemas do que o esperado, mas tudo aconteceu em um ano de trabalho para nós. Estamos numa grande cidade e somos grandes o suficiente para lidar com isso. Não se esqueça de adotar a mesma postura, ela lhe poupará um bocado de ansiedade desnecessária.

CONSELHO DE TRUMP

Adversidade é um fato da vida. É bem provável que você nunca tenha um dia totalmente livre de contrariedades. Aceite isso como um desafio, não como uma decepção. Seja maior que os problemas, esteja pronto para lutar por seus direitos e tudo dará certo.

6

Relembrando

o 11 de setembro

Se você não desistir, poderá retribuir

Estava assistindo ao noticiário matinal na televisão em meu apartamento, no dia 11 de setembro de 2001, quando vi o acontecimento pela primeira vez. O resto, pude ver de minha janela. Havia previsto um ataque em meu livro *The America We Deserve*, publicado em 2000, mas isso não significa que não fiquei abalado com o que aconteceu naquele dia. Foi um ato perverso e desumano. Depois dos ataques, algumas pessoas e empresas deixaram a cidade de Nova York mas nunca pensei em me mudar. Sou um nova-iorquino e este é o meu lugar. Sei que os nova-iorquinos são resilientes e que a cidade não só sobreviveria, como prosperaria, o que acabou acontecendo.

Desde então, a Trump Organization tem celebrado algum tipo de memorial anual ao 11 de setembro. No primeiro ano, abrimos mão da festa de Natal da Trump Organization para doar o dinheiro que seria gasto no evento para obras de caridade. Todos sentimos que essa era a coisa certa a fazer e estávamos com razão. Desde então, a cada ano fazemos um memorial no lobby e no saguão da Trump Tower, do qual participamos eu e outros integrantes da Trump Organization.

No dia 11 de setembro de 2006 e 2007, tivemos o September Concert, na Trump Tower, aberto ao público. O concerto foi realizado pela primeira vez em 2002, um ano após a tragédia, com a mensagem de paz através da música. Haruko Smith, idealizador do concerto, e Veronica Kelly, vice-presidente, têm feito um trabalho incrível. Meu filho Eric apresenta o concerto e todos nós participamos. É uma comemoração importante e uma resposta positiva a um dia que não deverá ser esquecido.

A organização do evento demanda tempo e não é fácil reservar o espaço em nosso ocupadíssimo edifício, mas todo o esforço vale a pena. Esse é apenas um exemplo de por que é importante nunca desistir: você acabará em posição de retribuir.

Sou anfitrião de vários eventos filantrópicos em meus campos de golfe e tenho o Baile Anual da Cruz Vermelha em meu clube Mar-a-Lago, em Palm Beach. Esses eventos não acontecem do nada – eles demandam muito planejamento e isso implica tempo e dedicação, além de dinheiro. Ser dono de propriedades é muito mais do que possuir bens – é preciso torná-los úteis. Se você planeja entrar no setor imobiliário só para ganhar dinheiro ou sentir-se poderoso, saiba que isso não é o suficiente. Se conseguir ver seus ganhos como uma forma de compartilhar, achará seu trabalho muito mais gratificante e provavelmente mais lucrativo no longo prazo.

Anualmente, celebramos o início da temporada de férias em nosso lobby com um evento do Exército da Salvação. Isso se tornou uma tradição. Há a apresentação de uma banda, a presença da mídia, faço um rápido discurso e o Exército da Salvação tem um pouco do reconhecimento que merece pelo excelente trabalho realizado há tantos anos. Esse evento também requer uma boa dose de dedicação, mas o realizamos a cada ano.

Às vezes, quando nos doamos, descobrimos novos talentos. Todos os anos dôo um desenho meu autografado para o leilão Doodle for Hunger (Desenhos para combater a fome, numa tradução livre), na Tavern on the Green. É um evento formidável, e entre os colaboradores estão Sting, Muhammad Ali, Larry King, Al Pacino, Billy Joel, Valentino, Bill Cosby, Paul McCartney, Kirk Douglas, Martina Navratilova, Peter Max, Bette

Midler, Jack Nicklaus, Cindy Crawford e muitos outros famosos. Faço o desenho em poucos minutos – no meu caso geralmente um prédio ou uma paisagem urbana com arranha-céus – e assino, mas esses simples trabalhos levantam milhares de dólares para ajudar a combater a fome em Nova York por meio do Capuchin Food Pantries Ministry. O leilão foi uma idéia inovadora que tem ajudado muita gente e não me importo de dedicar um pouco de meu tempo a uma causa muito boa. Arte pode não ser meu ponto forte, mas o resultado é útil para os necessitados.

Lembro-me de um amigo que me perguntou por que realizo tantos eventos filantrópicos em minhas propriedades. Ele parecia perplexo, pois não preciso disso e ele sabe do tempo que tais eventos demandavam de mim. Então eu lhe disse: "Faço porque posso." Acredite, essas palavras têm poder e trazem consigo um sentimento poderoso. Imagine-se dizendo isto a alguém: "Faço porque posso!" É uma sensação maravilhosa e faz todo o trabalho envolvido na aquisição e no desenvolvimento dessas lindas propriedades valer a pena.

Doodle for Hunger

Todos nós já vimos situações ruins nas quais gostaríamos de poder ajudar. Ser bem-sucedido permite ajudar e muito. Essa é outra razão para persistir. Saber que você poderá retribuir mais se for bem-sucedido é um incentivo maravilhoso para prosseguir. Nunca desista, você poderá retribuir, não se esqueça disso.

7

Conte com problemas e estará pronto quando eles chegarem

Levantando a Trump Tower

A Trump Tower foi meu primeiro sucesso estrondoso, e sempre amarei esse edifício. Fico muito feliz porque hoje ele é o terceiro ponto turístico mais visitado da cidade de Nova York. A Trump Tower é famosa há tanto tempo que a maioria pensa que ela sempre esteve lá ou que simplesmente apareceu um dia no horizonte do centro da cidade. Posso garantir que não foi assim. Na verdade, as pessoas sempre se surpreendem quando ouvem que quase a batizei de Tiffany Tower, e que houve vários outros incidentes que tornaram a construção desse ponto turístico um empreendimento especialmente desafiador. Se você pensa que erguer essa torre foi uma ocorrência mágica, mesmo para um empreendedor como eu, terá uma interessante leitura a seguir – principalmente se gosta de histórias cheias de reviravoltas.

Trump Tower

    Robert Moses, uma figura incrível na história da cidade de Nova York, disse algo que me acompanhou durante toda a construção da Trump Tower: "Não dá para fazer uma omelete sem quebrar os ovos." Às vezes tenho vontade de mudar o ditado para: "Não é possível construir um arranha-céu sem quebrar algumas cabeças."

Nada foi fácil desde o primeiro dia. Para começar a saga, foram quase três anos para obter uma resposta do homem que administrava o terreno que queríamos comprar. Fiz ligações e escrevi numerosas cartas. Aprendi um bocado sobre persistência, mas também descobri que quando você está apaixonado por uma idéia, mesmo com zero por cento de incentivo, você não desanima. Eu não desistiria. Quando o local acabou disponível, concluí que minhas cartas serviram de alguma coisa.

O local onde eu queria construir a Trump Tower era adjacente à Tiffany's. Mais tarde, precisei convencer a Tiffany's a vender-me seus direitos de sobreelevação para que eu pudesse construir um arranha-céu acima de sua loja, o que me custou US$5 milhões. Desse modo, ninguém poderia construir uma torre que bloqueasse a vista da minha e eu construiria um prédio com arrojadas janelas panorâmicas em contraste com janelas bem pequenas, uma preocupação estética de suma importância.

Para conseguir a variação de zoneamento que precisava da prefeitura de Nova York, tinha de saber que obteria os direitos de sobreelevação. O responsável pela negociação disse que gostava da idéia e do preço, mas que tiraria um mês de férias e me procuraria quando voltasse. Em um mês, eu poderia adiantar uma série de tarefas de zoneamento e arquitetura, e se não tivesse certeza da obtenção desses direitos, estaria jogando todo o esforço no lixo. Felizmente, eu estava tratando com um verdadeiro cavaleiro, Walter Hoving, que me garantiu que sua palavra era o bastante. Ponto. Na verdade, ele pareceu ofendido quando questionei sua decisão e sua palavra. De vez em quando, ainda encontramos pessoas honradas assim.

Com os direitos de sobreelevação da Tiffany's, faltava apenas mais um pedaço de terra, um pequeno terreno ao longo da 57th Street, vizinho à Tiffany's. Essa era uma exigência de outra norma de zoneamento municipal: é preciso ter um mínimo de nove metros de espaço aberto, como um quintal, atrás do prédio. Sem esse pequeno terreno, teríamos de reduzir o projeto que já estava pronto.

Acontece que o dono desse terreno era Leonard Kandell, um homem tão digno quanto Walter Hoving. Entretanto, ele não estava disposto a abrir mão do terreno. Não era um vendedor e não arredaria o pé. Até que um dia encontrei um bônus nos documentos referentes ao contrato com a Tiffany's, com uma cláusula segundo a qual a Tiffany's tinha a opção de compra da propriedade de Kandell depois de determinado período porque o terreno era adjacente à Tiffany's. Talvez conseguíssemos alguma coisa com Kandell no fim das contas.

Àquela altura, percebi que estava tentando fazer algo que não seria nada fácil. Cada bater de porta exigia um esforço enorme para abrir uma pequena fresta. A frase de Robert Moses me veio à mente de novo, e eu não iria desistir. Ela ajuda a contar com problemas porque, de certo modo, você já está pronto para eles e não sairá do prumo. É bom lembrar-se dela – diariamente, se necessário.

Então procurei Walter Hoving novamente e perguntei-lhe se poderia comprar sua opção sobre o terreno de Leonard Kandell como parte do acordo com a Tiffany's. Sabia que ele não tinha interesse algum em comprar a propriedade de Kandell. Walter concordou. No entanto, Leonard disse que a opção pertencia à Tiffany's e não era transferível. Ele poderia estar certo. Mas eu também poderia levar a questão aos tribunais e ganhar o direito de exercer a opção.

Então expliquei a possibilidade de litígio a Leonard, e em menos de meia hora chegamos a um acordo que seria bom para ambos: eu abriria mão de exercer a opção e Leonard prorrogaria o aluguel do local de 20 para cem anos, tempo suficiente para torná-lo financiável. No contrato de aluguel, também eliminaríamos quaisquer proibições contra rezoneamento. Leonard e eu continuamos amigos e pude continuar minha busca pela construção da Trump Tower.

Eu ainda não tinha um contrato final com a Genesco, empresa proprietária da Bonwit Teller, a loja instalada na propriedade onde queríamos construir a Trump Tower. Demos um jeito de manter o acordo em total sigilo e esperávamos assinar os contratos em alguns meses. Mas a notícia vazou e, de repente, a Genesco recebeu uma multidão de compradores interessados, entre os quais investidores árabes com petrodólares. Naturalmente, a Genesco começou a tentar desistir do acordo.

Entretanto, felizmente obtivera uma carta de intenções de uma página de Jack Hanigan, apresentada pela Genesco como garantia quando estavam em dificuldades. Ele vinha recebendo essas cartas que eu escrevia havia três anos. Avisei à Genesco que entraria em litígio e suspenderia as vendas da Bonwit por anos se eles não honrassem nosso acordo. Não estava certo de que a carta implicaria compromisso legal, mas poderia provar que era um aborrecimento para eles se a renegassem.

Pouco tempo depois disso, recebi uma ligação do *New York Times* que soubera de meu acordo com a Genesco para compra do prédio da Bonwit. Mantivéramos a discrição sobre o assunto, mas percebi que deveria assumir o risco, especialmente levando em conta que a Genesco hesitava em cumprir sua parte na negociação. Então disse ao repórter que havíamos chegado a um acordo, que eu planejava conseguir uma nova torre no terreno da Bonwit. Portanto, a loja seria fechada, provavelmente, em poucos meses.

O artigo foi publicado na manhã seguinte, e eu esperava que a Genesco se sentisse pressionada de alguma forma. Mas aconteceu algo com o qual eu não contava – tão logo o artigo foi publicado, todos os funcionários da Bonwit passaram na Bergdorf Goodman, na Saks Fifth Avenue e na Bloomingdale à procura de emprego. Como resultado, a gerência da Bonwit entrou em dificuldades para administrar a loja. Cinco dias depois, tinha o contrato assinado com a Genesco.

E não estávamos nem perto de começar a construção ainda. Esse é um bom exemplo da perseverança necessária e de alguns dos obstáculos que podem surgir quando você está tentando fazer algo extraordinário. Às vezes, é difícil fazer coisas bem menores que um arranha-céu. Para quem acha que tenho o toque de Midas e que tudo cai do céu para mim, gosto de lembrar alguns episódios quando me confrontei com uma série de problemas no caminho ao sucesso. Acredite, você terá problemas! Não importa se seu nome é Trump ou não. Todos passamos por essas coisas. Pode esperar! Quando olho para trás, vejo que foi uma experiência maravilhosa, divertida e que cada momento difícil valeu a pena.

8

Perguntas
freqüentes

Recebo uma tonelada de cartas de fãs e uma grande porcentagem delas é de pessoas pedindo conselhos. Às vezes, salas de aulas inteiras mandam perguntas. Decidi incluir algumas delas com minhas respostas.

1. Como você lida com aquele tipo de pessoa que insiste nos mesmos erros?
   Não lido. Eles estão em outro emprego agora.
2. Qual a característica mais importante de um bom líder?
   Disciplina. Ela ajuda a todos, mas se um líder não for disciplinado, não ficará no comando por muito tempo.
3. Quais são os passos mais importantes para alguém que pretende alcançar o sucesso?
   Faça a lição de casa. Ou seja, aprenda tudo o que puder sobre aquilo que deseja, saiba o que terá de enfrentar e pesquise cada aspecto do negócio em que pretende entrar. Converse com todos os especialistas que conseguir encontrar. Não se pode usar o método da ten-

tativa e erro. As coisas já são árduas por si sós; você não precisa dificultá-las ainda mais sendo negligente.

4. O que fará a diferença para os líderes de amanhã no setor imobiliário?
Aqueles com visão e disciplina vencerão. Uma qualidade é inútil sem a outra. Com ambas, você terá a chance de se tornar um líder, desde que tenha aprendido a identificar e aprimorar seus instintos, por intermédio das experiências.

5. Cite alguns personagens da história que você admira e explique o porquê.
Abraham Lincoln é um deles porque foi presidente na época mais difícil da história do país. Também foi um autodidata e lutou muitos anos contra adversidades antes de se tornar presidente. Outra pessoa seria Winston Churchill, um líder num período crucial da história, a Segunda Guerra Mundial. Era um grande orador que inspirou milhares de pessoas com seus discursos e ganhou o Prêmio Nobel de literatura por seus textos históricos.

6. Qual é sua sobremesa favorita?
Sorvete.

7. Do que você mais gosta em seu trabalho?
De tudo. Cada dia é um desafio e todo dia é formidável.

8. Você sai para almoçar?
Muito raramente. Não gosto de quebrar o expediente, pois posso perder o ritmo. Prefiro comer alguma coisa em minha mesa, o que faço em 5 ou 10 minutos.

9. Qual conselho você daria a alguém que deseja abrir um negócio próprio?
Esteja preparado para os problemas, pois você terá de lidar com eles a cada dia. Mantenha o foco, aconteça o que acontecer, e esteja à altura de seus desafios diários. Nunca desista!

10. E se as coisas não aconteceram como gostaríamos, a despeito de todo o nosso esforço?
Em primeiro lugar, saiba que você não estará sozinho. Esperei 30 anos para ver algumas coisas acontecerem. Algumas pessoas espera-

ram mais. Sempre considere a possibilidade de estar fazendo algo errado. Nesse caso, não importa o quanto você se esforce, a iniciativa não dará certo. Veja se está fazendo a coisa certa para você. É preciso amar o que faz. Depois, agüente firme.

11. Você acredita na sorte?

    Sim, sei que sou bem-aventurado. Também tive a sorte de ter um excelente modelo. Trabalhei com meu pai desde cedo e aprendi muito com ele.

12. O que você queria ser quando era criança?

    Queria ser construtor ou jogador de beisebol. Gostava de construir arranha-céus com meus blocos de montar. Era um bom jogador de beisebol e cheguei a receber ofertas de bolsas de estudo. Também pensei na possibilidade de mudar-me para USC (School of Cinematic Arts) para estudar cinema, mas meu conhecimento e amor pelo setor imobiliário levaram-me a Wharton.

13. De onde você tira suas idéias?

    O mundo é inspirador, e manter-se em dia com os acontecimentos mundiais pode lhe dar uma série de idéias. Nesta era da tecnologia, temos acesso a um número infinito de informações num ritmo cada vez mais acelerado e fico empolgado com isso. Mantenho minha mente aberta e essa é uma boa maneira para começar a fazer as idéias acontecerem.

14. Alguma vez você teme fracassar em alguma coisa?

    Tenho uma boa trajetória de sucessos até agora, mas o fracasso sempre é uma possibilidade. Sou cuidadoso, mas não medroso. Existe uma diferença. É importante ser circunspecto – saiba que a possibilidade de sucesso existe tanto quanto a de fracasso. O risco faz parte de tudo o que fazemos. Posso ser atropelado por um ônibus quando atravesso a rua. As coisas acontecem. Não deixe o medo interferir em seus planos.

15. O que você faz nas férias?

    Não tiro férias no sentido de planejar uma viagem para algum lugar e ir para lá descansar. Acho o trabalho revigorante e nunca sinto necessidade de me afastar dele. Como sou dono de campos de golfe e amo o esporte, acabo me divertindo muito enquanto inspeciono o campo. No inverno, vou para meu clube Mar-a-Lago, em Palm Beach, nos fins de semana, para jogar um pouco de golfe. Aproveito os fins de semana em vez de tirar férias e isso funciona para mim.

16. Gosto de seu programa, *O Aprendiz,* mas me pergunto se você gosta de demitir pessoas.

    Não gosto de demitir ninguém. Às vezes, é necessário, mas prefiro manter as pessoas comigo por muito tempo. Tenho funcionários que trabalham em minhas empresas há mais de 30 anos. O melhor ambiente de trabalho é aquele no qual todos compartilham a mesma ética e foco e se empenham para fazer o melhor. Esse é o caso da maioria de meus empregados, mas nem sempre acontece. Quando é o caso, faço as alterações necessárias.

17. Quando você ingressou no setor imobiliário, qual era seu principal objetivo?

    Queria ser bem-sucedido de meu próprio jeito. Meu pai tinha muito sucesso no setor e eu queria conquistar meu espaço. Sempre adorei prédios bonitos e Manhattan, então me concentrei ali. Queria seguir minha própria visão e foi o que fiz.

18. Para você, qual foi a coisa mais surpreendente em *O Aprendiz?*

    Minha imagem mudou. Tornei-me muito popular depois que comecei a demitir pessoas a cada semana!

19. O que o deixa mais feliz?

    Essa é uma pergunta complexa por ser tão simples. Posso citar várias coisas que me deixam feliz: estar bem. Fazer o melhor que eu puder. Fazer um excelente trabalho e ter consciência disso. Conseguir compartilhar as realizações também é bom – assim posso valorizar os bairros e as comunidades onde atuo, gerar empregos e fazer da filantropia um meio para retribuir tudo o que a vida tem me dado. Minha família é muito importante para mim, e sempre foi. Fico mais feliz quando estou com meus familiares.

20. Qual era sua matéria favorita no colégio?

Gostava de tudo o que tivesse a ver com matemática. Era excelente em geometria.

21. Qual é seu filme favorito?
    "Cidadão Kane".
22. A que horas você se levanta?
    Às cinco horas.
23. Qual a melhor coisa em ser rico?
    Poder retribuir é uma sensação incrível.
24. Qual é o melhor conselho que você pode me dar?
    Nunca desista. Você pode realizar mais coisas com essa postura do que com qualquer outra abordagem que eu possa sugerir.

9

Quando o outro lado esperar um duelo, ofereça uma parceria

Trump International Golf Links, Escócia

Sempre tive interesse em construir um campo de golfe na Escócia por duas boas razões, além da beleza espetacular do país: minha mãe nasceu lá e a Escócia é o berço do golfe. Esse esporte tem sido parte importante de minha vida – e minha mãe, então, nem se fala.

Passei cinco anos analisando locais e recusei mais de 200 possibilidades de empreendimentos em toda a Europa. Esperei pacientemente o lugar adequado, e quando vi a região dos campos de golfe, sabia que aquele seria o lugar certo. Menie Estate e Menie House, grandes propriedades rurais datadas do século XIV, ficam a quase 20km ao norte de Aberdeenshire, a terceira maior cidade da Escócia. O mais importante é que nunca vira uma paisagem litorânea tão preservada como aquela. Havia dunas de proporções imensas, quase 5km de praias espetaculares e mais de 560ha ao todo. O lugar é impressionante e fiquei empolgado.

TRUMP: NUNCA DESISTA!

Trump jogando golfe na Escócia

O PONTO BAIXO: NÃO É FÁCIL QUANDO AS PESSOAS RIEM EM SUA CARA

Sabia que a Escócia tinha a reputação de ser um lugar difícil quando se trata de desenvolvimento e negócios e, é claro, o anúncio de minha proposta de empreendimento causou comoção local com envolvimento de ambientalistas. Na verdade, lembro de pessoas que riram abertamente quando viram o escopo de meu projeto. O local tem importância ambiental e histórica para a Escócia, e ninguém acreditou que eu conseguiria as aprovações necessárias para dar andamento ao projeto. Só as normas ambientais que regem Menie Estate ocupam dois tomos de quase 13cm de espessura.

O principal problema girava em torno de uma preocupação ambiental inédita para mim: geomorfologia. Nossos especialistas ambientais e a Scottish National Heritage Organization chamaram nossa atenção para o tema. Como os aspectos geomorfológicos eram um obstáculo e uma exigência importante do comitê de planejamento, encaramos a questão com total seriedade e tentamos aprender tudo o que podíamos. Contratamos a principal autoridade no assunto, e cada detalhe foi analisado cuidadosamente. Acho que surpreendemos a todos com nossa preocupação e consciência profissional, e nossa perseverança e integridade foram notadas pelas autoridades envolvidas.

Agora voltemos à geomorfologia, que estuda as formas de relevo terrestre, bem como a origem, a evolução e os processos que as definiram ao longo dos anos. As incríveis dunas encontradas em Menie Estate ficam numa área restrita de 10ha no total. Elas se movem pelas forças da natureza, o que pode ser um desastre para um campo de golfe. Analisamos os mapas de muitos anos atrás e vimos como a área literalmente mudou de lugar pela força da natureza e isso confirmou a validade de nossas preocupações e das apreensões dos ambientalistas.

Fizemos uma extensa pesquisa sobre o problema e descobrimos que as dunas poderiam se estabilizar se plantássemos um tipo de grama que cresce em praias, cujo sistema de raízes permite que floresçam em climas áridos e submetidos a fortes ventos. Essa grama protege as dunas e também dá outra dimensão de beleza natural à paisagem.

Além disso, com base em nossa pesquisa ambiental, fizemos muitas outras recomendações para melhorar e proteger a vida selvagem local: a criação de três bosques artificiais para lontras e um plano formal de proteção à espécie; a preparação de um plano de proteção ao texugo baseado em novas pesquisas; a criação de um novo habitat para a criação de pássaros ameaçados de extinção; a colocação de caixas para ninhos em Menie House; ações voltadas à biodiversidade para manter e aumentar o número de tritões-palmados, guinchos e outras aves pernaltas, lebres e ulmeiros; e a criação de novos bolsões, a translocação de plantas e habitats e a coleta de sementes para a manutenção do vigor do habitat das dunas. E essa é apenas uma lista parcial. Lembra-se dos tomos de quase 13cm de espessura? Eu não estava exagerando. Então se você acha que as coisas acontecem só porque me chamo Donald Trump, use esse exemplo para não se esquecer de que as coisas não funcionam assim.

Quando finalmente enviamos o esboço final do plano de aplicação ao Conselho de Aberdeenshire, o documento tratava de questões comerciais e ambientais do empreendimento. No lado econômico, o projeto de construção criaria aproximadamente 6.230 empregos em Aberdeenshire e 740 no restante da Escócia. A operação suportaria um total de 1.250 empregos e 1.440 posições de longo prazo. No geral, o projeto criaria o equivalente a 205 milhões de libras em valor econômico para Aberdeenshire e 262 milhões de libras para a Escócia. Esses são alguns dos fatos e números apresentados e, como você pode ver, fizemos uma pesquisa bastante detalhada. Não é surpresa que recebemos apoio entusiasmado da comunidade de negócios local. Para mim, esse será um empreendimento caro, de aproximadamente um bilhão de libras, mas é uma verdadeira paixão.

Enquanto escrevo este texto, um ano depois do surgimento das primeiras grandes questões ambientais, seguimos em frente com nossa visão, com poucos impedimentos. O que aconteceu? Como vencemos os desafios que as pessoas consideravam insuperáveis? A quem esperava um duelo, oferecemos parceria. Trabalhamos com a Scottish National Heritage numa parceria baseada em nossas preocupações comuns. Fizemos grande parte do trabalho de base e pesquisa ambiental, o que demandou muito tempo e esforço de nossa parte, mas valeu a pena. Quebramos barreiras e desconfiança com nossa postura vigilante, aberta, honesta e contratando os melhores profissionais para que o trabalho fosse realizado adequadamente. Oferecemos um produto superior e ninguém poderia questionar nossa credibilidade.

Nossa preocupação ambiental fez com que as autoridades acreditassem em nossa capacidade de fazer o que seria melhor para todos. Compreender a riqueza histórica da área e o impacto geral de nosso empreendimento não foi, de modo algum, um sacrifício. Espero que essa seja uma preocupação constante durante séculos no porvir. A Scottish National Heritage faz o trabalho dela, e nós, o nosso.

Ainda aguardamos aprovações para algumas áreas de nosso empreendimento, e George Sorial, da Trump Organization, a quem deleguei o gerenciamento do projeto, tem viajado para a Escócia a cada duas ou três semanas para acompanhar o andamento dos trabalhos. Sempre gostei de viajar para a Escócia e irei para lá em duas semanas. (Coincidentemente, a mãe de George nasceu e foi criada na Ilha de Lewis, onde minha mãe cresceu.)

Martin Hawtree já está trabalhando no projeto do campo, que esperamos que fique pronto em dois anos. Isso não será tudo: teremos uma área principal e outra menor para treinar golfe e uma academia do esporte. A terra do golfe merece esse tipo de atenção. Tom disse que está projetando o campo para ser o melhor do planeta e sei que ele fala sério. Será o local perfeito para competições como a Open Cup ou Ryder Cup no futuro.

Além dos campos de golfe, que incluirão dois campos de 18 buracos, estamos construindo 950 condomínios, 500 casas, um hotel com 450 quartos, 36 vilas de golfe e acomodação para 400 integrantes de equipes. Será um ponto de destino para todos os amantes do golfe do mundo, e o padrão dos empreendimentos ligados ao esporte atingirá um novo patamar quando o Trump International estiver pronto. Não tem sido uma estrada fácil, mas depois de esperar e procurar por cinco anos, cada tarefa tem valido a pena. Como resultado, hoje sou quase um expert em geomorfologia. Que mais eu poderia querer?

10

AFASTE-SE DA MULTIDÃO QUE VIVE RECLAMANDO

Você pode criar a sua sorte

Você já deve ter ouvido o ditado "sorte é quando a oportunidade se depara com a prontidão". Concordo. Vivo ouvindo as pessoas dizerem sobre como fulano tem sorte (como se quisessem enfatizar o quanto elas mesmas *não* têm sorte). Acho que, na verdade, quem vive reclamando não se entrega à sorte. Se quiser ter sorte, prepare-se para algo grande.

É claro que pode ser mais divertido ir ao cinema, mas, a menos que você queira entrar na indústria cinematográfica, essa não é a melhor forma de usar seu tempo. O desenvolvimento de talentos requer esforço, e a dedicação gera a sorte. Ter essa postura em relação ao sucesso é uma grande maneira de se colocar num caminho compensador na vida.

Por um tempo, muito foi dito em relação a desabafar as frustrações e ansiedades e como poderia ser saudável tirar essas angústias do peito. Até certo ponto isso pode ser bom, mas não devemos exagerar. Recentemente, li um artigo que dizia que a atitude de reclamar, sem fazer nada a respeito, é prejudicial ao bem-estar físico e mental. Com o advento dos blogs e de todos os meios para difusão efusiva de opiniões, as pessoas perdem muito tempo batendo na mesma tecla, geralmente sobre temas negativos. A ênfase está no desequilíbrio, e o foco negativo não ajuda a situação.

Não dê importância demais a um problema a ponto de se exaurir antes de conseguir cogitar uma solução. Não faz sentido. É preciso capacidade intelectual e energia para pensar de maneira positiva e criativa – e para *enxergar* as coisas dessa maneira. A negatividade é uma maneira fácil e preguiçosa de viver. Use sua inteligência para concentrar-se em idéias positivas e em soluções e sua mentalidade ajudará a criar sua própria sorte.

Shakespeare colocou essa idéia em uma famosa citação de Júlio César: "O erro, meu caro Brutus, não está nas estrelas, mas em nós mesmos." A mensagem é clara. Somos responsáveis por nós mesmos e por nossa própria sorte. Que pensamento fortalecedor! Se você encarar a responsabilidade como uma coisa à-toa, deixará de vê-la como realmente é – uma grande oportunidade.

Digamos que você esteja enfrentando um grande desafio hoje. Posso dizer, sem pestanejar, que está longe de ser o único. O que o separa da multidão que vive reclamando será o modo como você encara a situação. Se acreditar que está no controle, e está, saberá exatamente quem procurar quando precisar de ajuda: você mesmo. Você pode ser sua maior descoberta para o sucesso, a sorte, o poder e a felicidade.

Quando enfrentei enormes dificuldades financeiras nos anos 90, fui maduro o suficiente para assumir a responsabilidade e saber que o problema era meu. Sabia que não adiantaria culpar os outros; que seria uma perda de tempo, e que não gosto nem um pouco desse tipo de perda. Tempo é algo irrecuperável. Se por acaso perceber que está colocando a culpa nos outros, mude de atitude rapidamente.

Dê à sorte a chance de que ela precisa para entrar em sua vida. Ninguém poderá fazer isso por você. Assim que descobrir que cabe a você criar a sorte, pensará e verá as coisas de um modo totalmente novo. Então, mãos à obra, divirta-se e boa sorte!

11

ÀS VEZES VOCÊ TEM DE ENGOLIR O ORGULHO

Trump International Hotel & Tower, Nova York

Todo mundo já ouviu falar em transformações de beleza. Às vezes, os resultados são fantásticos. Gosto de fazer a mesma coisa com construções. Às vezes, é necessário mais inovação para melhorar sensivelmente as coisas do que para construir algo totalmente novo. Os desafios podem ser mais complexos: é por isso que os empreendedores muitas vezes demolem rapidamente as estruturas existentes e começam tudo de novo. Tenho alguns bons exemplos de construções (e empresas) cuja reforma valeu a pena e acabaram gerando sucessos retumbantes. A primeira coisa a ter em mente é estar resoluto a não desistir diante dos problemas que podem ser mais numerosos que os encontrados normalmente.

O Trump International Hotel & Tower fica na One Central Park West, um local fantástico com vista ampla do parque. O que muita gente não sabe é que no local ficava o antigo prédio da Gulf & Western/Paramount, um edifício comercial, de propriedade da General Electric, outrora liderada por Jack Welch, John Myers e Dale Frey. A construção realmente se destaca porque é uma das poucas torres altas em West Side. A obra foi realizada no início dos anos 1960, pouco antes da aprovação das leis de zoneamento que proíbem construções tão altas na região.

Trump International Hotel & Tower

Esse prédio conseguiu atrair muita atenção, não apenas por causa de sua altura, mas também por alguns problemas de construção que colocaram os locatários em apuros. Em primeiro lugar, quando ventava, o edifício oscilava e chegava a balançar com ventos de menos de 25km/h. Todos os prédios têm alguma flexibilidade, mas essa era uma situação excepcional. Os elevadores paravam e alguns inquilinos passavam mal. Certa vez, quando houve um vento forte, as janelas superiores caíram. Esses episódios tornaram-se lendários.

Digamos que o prédio tinha alguns problemas, alguns dos quais bastante graves. Além disso, não foi muito bem construído, pois a parede externa foi feita de vidro e alumínio barato e calçada totalmente em asbesto. O lado bom era a estrutura clássica e os pés-direitos maravilhosamente altos. Valeria a pena salvá-lo só por essas importantes razões.

Quando soube que o prédio estava à venda, liguei para Dale Frey e pedi para marcarmos uma reunião. Foi então que descobri que ele estava recebendo chamados de vários empreendedores importantes de todo o país. Teria uma forte concorrência. Entretanto, consegui agendar o encontro e expliquei que se o prédio fosse totalmente demolido, poderia ser reconstruído com apenas 19 andares contra os 52 fabulosos da construção atual. Só isso já seria motivo bom o suficiente para salvá-lo, mas a reforma exigiria muita pesquisa e comecei a trabalhar de imediato.

Minha sugestão foi reforçar a estrutura de aço e transformar o local num prédio residencial. Seus pés-direitos altos seriam ideais para esse fim, e um local desse tipo também seria um item mais forte no mercado que um edifício comercial. O local era perfeito para um condomínio de apartamentos de luxo. A General Electric pareceu impressionada com minhas idéias e senti-me bem com a reação positiva a tudo o que apresentei. Minha única preocupação a essa altura era que eu acabara de sair de alguns problemas financeiros e isso poderia deixá-los inseguros de se arriscar comigo.

O que aconteceu em seguida foi um choque. Dale Frey ligou-me para dizer que embora tivesse gostado muito de meus planos, decidiram colocar a obra em licitação. Pediriam para algumas das maiores empresas imobiliárias do país darem um lance e esperavam que eu estivesse entre elas.

Fiquei surpreso porque dedicara um tempo enorme à idéia e a explicara a Frey pessoalmente. Agora teria de começar tudo de novo e dar um lance como um recém-chegado ao projeto.

Trump International Globe

Fiquei arrasado e um pouco ofendido com essa virada de rumo. Basicamente teria de entrar numa concorrência pública que achava desnecessária. Fiquei pensando se eles não estavam brincando comigo o tempo todo, embora parecessem atraídos e impressionados com minhas idéias. O que eu poderia fazer? Estava realmente interessado no negócio, havia dedicado muito tempo e esforço nisso e acabei engolindo meu orgulho e indo à luta. Gosto de desafios e esse se tornara algo ainda maior – não que eu estivesse feliz com isso. Então, trabalhei em uma fantástica e detalhada apresentação. Quando digo para dedicar-se de corpo e alma ao que está fazendo, esse episódio pode servir de bom exemplo.

Depois de um tempo que pareceu décadas, a General Electric finalmente ligou para dizer que fechariam o negócio comigo. Ser escolhido por esse poderoso grupo para desenvolver um local incrível foi uma notícia maravilhosa. O Trump International Hotel & Tower se tornaria realidade e todos os aborrecimentos do processo valeram a pena.

Em 1995, começamos a demolir o antigo Gulf & Western deixando apenas a estrutura de aço. Designei Philip Johnson como arquiteto, com a Costas Kondylis & Associates, assim tínhamos a garantia de obter um prédio espetacular e elegante. Philip Johnson fez o projeto do State Theater, no Lincoln Center, a poucos quarteirões dali. Esse era um edifício importante e eu queria o melhor. E foi exatamente o que todos tivemos.

Hoje o Trump International Hotel & Tower é o hotel número um da cidade de Nova York. Inclui o Jean Georges Restaurant, reconhecido como um dos melhores restaurantes do mundo. Os apartamentos ficam no mercado por pouquíssimo tempo. Há filas de espera para tudo o que diz respeito a esse edifício. Também é a primeira vez que um condo-hotel foi lançado na região, e as pessoas aplaudem a inovação. Para mim, não se trata de novidade, mas sim de bom senso. Na verdade, essa é uma idéia copiada no mundo todo com grande sucesso. Portanto, vale a pena parar e refletir com cuidado.

Sim, a construção original tinha grandes problemas; sim, o processo de aprovação foi confuso, mas isso fez parte do desafio. Essa obra também significou uma grande oportunidade para mim. Às vezes, é preciso olhar com mais atenção para enxergar essas oportunidades, mas acredite, elas valem a pena.

12

Coragem não é a ausência, mas o domínio do medo

Coragem significa nunca desistir. É muito mais fácil desistir e é exatamente isso que os perdedores fazem. Ser derrotado é uma coisa, mas permanecer nesse estado é outra. Algumas pessoas bastante comuns fazem coisas notáveis sendo apenas persistentes e nunca desistindo. Abraham Lincoln é um bom exemplo – sua coragem o tornou um homem extraordinário.

Em *O Aprendiz,* os candidatos primeiro passam por um exaustivo processo de seleção. Temos recebido milhões de candidatos e somente alguns poucos são escolhidos. As chances não são animadoras. É por isso que acredito firmemente que não há perdedores no programa. Aqueles que tentam ingressar no *reality* já demonstram uma grande coragem. Todos são vencedores. Ser demitido diante de milhões de pessoas não é fácil, mas faz parte do acordo e eles persistem mesmo assim. A maioria diz que a experiência vale a pena, vencendo ou não.

Hemingway escreveu uma frase conhecida: "Coragem é graça sob pressão." Pense nisso. Alguns dias temos de enfrentar dificuldades enormes, mas nos levantamos e lidamos com elas de um jeito ou de outro. Isso é coragem e requer um certo equilíbrio. Não precisamos ser heróis o tempo todo – afinal, nem todos os dias enfrentaremos situações calamitosas –, mas esse é um exemplo de bravura que todos podemos entender.

A autoconfiança é um componente de coragem de que todos precisamos. Às vezes precisamos de um empurrão na direção certa. Trabalhei com um jovem executivo que nunca havia falado em público e que se convenceu de que não tinha a menor aptidão para a coisa. Ele me confessou o temor e pensei: "Ele nunca tentou falar em público e me diz que não é bom nisso!" Tive um feeling de que o rapaz se sairia bem. Alguns meses depois, quando concluí que não conseguiria participar de um jantar no qual faria um breve discurso, disse-lhe que ele teria de ir em meu lugar. Sua resposta foi: "Não falo em público." Eu retruquei: "Vai falar agora." Assunto encerrado. Sabe o que aconteceu? Ele se tornou um palestrante reconhecido. Coragem não é a ausência, mas o domínio do medo.

O fenômeno do medo do palco é um bom exemplo. Recentemente, li um artigo sobre o quanto esse temor é comum, mesmo entre atores profissionais. Há vários artistas famosos e muito reconhecidos que lidam com ele regularmente, às vezes, durante décadas. Eles não permitem que o medo atrapalhe sua paixão. Estou acostumado a falar diante de dezenas de milhares de pessoas e gosto disso, mas as pessoas sempre me perguntam se fico nervoso. Não fico. Vou em frente e dou o meu recado.

Winston Churchill era um grande orador, mas li que levou muito tempo para desenvolver essa habilidade. Não era algo natural, a princípio, mas ele se empenhou até dominar a arte. Tornou-se um palestrante vigoroso e hipnotizante. Num de seus discursos mais famosos durante a Segunda Guerra Mundial, ele disse:

> Nunca, nunca, nunca, nunca, nunca desistam de coisa alguma, grande ou pequena, importante ou trivial, nunca desistam, a não ser por convicções de honra e bom senso. Nunca se renda à força; nunca se renda ao poder aparentemente avassalador do inimigo.

Churchill e seu povo estavam em perigo de ser bombardeados e vencidos pela potência bélica alemã quando o líder disse isso. Você pode não estar em meio a uma guerra, mas mesmo assim poderá aplicar essas palavras de coragem no seu dia-a-dia. Há dias em que tantos problemas caem sobre mim de uma só vez que parece um ataque-relâmpago. Não me rendo a eles e você também não deve se render – jamais!

Outra coisa importante sobre coragem é que ela ajuda a agir da maneira certa. Ajuda-nos a manter o foco nas oportunidades e não nos problemas. Estes, geralmente, são oportunidades numa embalagem diferente da esperada ou desejada. Isso aconteceu comigo mais vezes do que consigo contar. Então, tenho boas razões quando digo para receber bem os problemas. Mantenha sua mente flexível e aberta a soluções criativas para os problemas. Einstein dizia: "Não se pode resolver um problema com a mesma mentalidade que criou a dificuldade." Essa é uma boa maneira de não quebrar a cabeça e encontrar uma solução.

Voltando a falar em coragem, lembre-se de que o medo pode ser dominado. Saiba que você pode ser corajoso e que é alguém talhado para o sucesso – isso já é metade da batalha. Depois, lute com todas as forças e a sorte estará a seu lado.

13

Seja um apaixonado – é a única maneira de mover montanhas

Construindo o Trump International Golf Club

Quando decidi construir meu primeiro campo de golfe, encontrei um bom terreno perto de minha propriedade Mar-a-Lago, em Palm Beach, e fui em frente. Contratei Jim Fazio, um dos maiores projetistas de campos de golfe de todos os tempos. Quando ele disse que teríamos de retirar mais de dois milhões de metros cúbicos de lama para transformar o terreno relativamente plano num campo espetacular, não pestanejei. Estava empolgado com a obra e pronto para mover montanhas, se necessário.

Mas eu realmente me perguntei em que estava me metendo dessa vez. Pouco depois de me informar sobre os dois milhões de lama, Jim disse que teria de trazer mais de cinco mil árvores, cerca de mil palmeiras reais e mais de mil coqueiros. Anunciou também que precisaria de mais de US$2 milhões em plantas para dar um aspecto elegante ao local. Para a cascata do buraco número 17, eu gastaria quase US$3 milhões e a obra demoraria nove meses. Estávamos falando de um campo de 18 buracos e comecei a me preocupar.

Palm Beach

Sabia que Jim apresentava números objetivos e frutos de análise aprofundada. Sua integridade é lendária. Então eu disse a mim mesmo: isso é o que se gasta para ter um trabalho extraordinário.

O PONTO BAIXO

Descobri que minha estimativa original de US$40 milhões estava longe do que seria realmente gasto. É isso o que acontece quando um incorporador especializado em arranha-céus se mete a construir um campo de golfe? Aquela não era a minha praia? Aquele seria um enorme erro? Será que eu deveria continuar no ramo em que era especialista?

Sempre digo que é fundamental entendermos bem o que vamos fazer, efetuarmos uma investigação aprofundada e sermos otimistas com bom senso. De repente, eu estava questionando por que não seguia meu próprio conselho. Estava diante de uma série de novidades das quais não entendia grande coisa. No entanto, estava animado com o fato de construir algo fora de série e isso me levou adiante.

Jim Fazio sempre diz que uma das melhores coisas de trabalhar comigo é que nunca questiono se estamos gastando demais. Em vez disso, pergunto: "Você precisa de alguma outra coisa?" Ele disse que essa postura ajudou seu processo criativo. Fico feliz que ele pense dessa forma, pois foi assim que a obra caminhou. Tenho de admitir que tive alguns momentos de dúvida. Nada muito importante, mas houve momentos de incerteza.

Por exemplo, levamos um ano inteiro para retirar toda a lama do terreno e transplantar as cinco mil árvores. O processo é lento, mas necessário, e Jim se esmerou nesse trabalho. Depois, o Department of Environmental Resources (Secretaria de recursos ambientais) nos disse que somente 20ha poderiam ser limpos de cada vez, o que nos levou a planejar o campo em sete seções. A missão também envolveu a identificação de todas as árvores e a construção de um sistema de lagos. Desse modo, demoramos um ano antes de começar a construção do campo propriamente dito.

Felizmente, sou um homem paciente quando se trata de algo importante para mim. Estava muito empolgado em ter um campo espetacular e concluí que se era esse o preço eu estava disposto a pagar. Tomei uma decisão e não voltei atrás. Também sabia que tinha um verdadeiro mestre trabalhando para mim. A reputação de Jim Fazio era ilibada e pude ver com meus próprios olhos que ele é uma pessoa de total confiança e que tem verdadeira paixão por seu trabalho. Será que eu estava esperando o impossível?

Diante de situações como essas, é importante pensar no que o levou a tomar determinadas decisões. Você sempre encontrará problemas, mas se conseguir lembrar-se de sua meta original, verá os fatos com mais clareza e dirimirá as dúvidas que possam surgir. Foi assim que restabeleci a confiança e segui adiante.

Depois surgiu a questão dos carvalhos. Seriam mil árvores. Demorou cinco meses para movê-las porque cada uma teve de ser embalada individualmente e apenas três podiam ser arrastadas de cada vez. Cada carvalho tinha entre 6m e 12m de altura. Mas eles dariam contorno às *fairways* (partes lisas do campo de golfe entre os buracos).

Foi mais ou menos nessa época que ouvi falar sobre *Gopherus polyphemus*. Esse era um dilema absolutamente novo. Estou acostumado a problemas de zoneamento, mas cágados? Sessenta, para ser mais exato. Tínhamos de cuidar deles, sem dúvida. Estávamos invadindo sua área e queríamos garantir que encontraríamos um ambiente igual, ou melhor, para os animais. Realocarmos os répteis com segurança tornou-se prioridade. Aprendi muito sobre *Gopherus polyphemus*. Por exemplo, eles cavam buracos de 12m de largura por 3m de profundidade. Imagine o que eles poderiam fazer em um campo de golfe! Embora estivesse admirado com o seu trabalho, teria de realocá-los com todo o cuidado.

Depois de mais de um ano de meticulosa preparação, começamos a construção do campo propriamente dito. Cada buraco era tratado como se fosse o ápice do campo, e o resultado final é uma verdadeira obra-prima. Nenhuma outra descrição faria justiça ao Trump International Golf Club.

Consegui exatamente o que queria. Cada árvore valeu o tempo e o esforço (pode acreditar, conheço cada árvore dali). Abrimos outro campo de nove buracos em 2006 tão digno de aplausos quanto esse. A propriedade tem sido um retumbante sucesso, além de ser um extraordinário trabalho de design.

O sucesso e a beleza do Trump International Golf Club incentivaram-me a construir mais campos de golfe, todos eles muito elogiados e bem-sucedidos. Cada um trouxe um conjunto próprio de desafios, mas depois de vencer os obstáculos do primogênito, estava pronto para os demais. Mover montanhas? Mover cágados? Sem problemas.

CONSELHO DE TRUMP

A questão é: se você é apaixonado por seus empreendimentos, sua paixão se refletirá no resultado final. Faça questão de se cercar das pessoas certas no trabalho – Jim Fazio é tão apaixonado por seu trabalho quanto eu, e isso fica evidente quando vemos o escopo e a qualidade do campo terminado. Transpor tremendos obstáculos é tudo – desde que você ame o que faz. Lembre-se disso.

14

Quando você vê grandes problemas, pode esperar por grandes oportunidades

*Transformando um bairro dilapidado
em um local de classe internacional*

Hoje, a Grand Central Station, na cidade de Nova York, é uma beleza, tanto a vista quanto o local, e está localizada num bairro próspero e bem cuidado. No entanto, nos anos 70, a situação era totalmente diferente. A área se encontrava em plena decadência. Estava em péssimo estado, desvalorizada e só passavam por ali pessoas que entravam e saíam da cidade o mais rapidamente possível. Quem poderia culpá-las? Se aquela área deprimente realmente representasse a cidade de Nova York, eu também sairia rapidinho.

Sou um nova-iorquino, amo esta cidade, sempre amei e sempre amarei. Então, essa situação merecia minha atenção, e vi a oportunidade de não só transformar um velho hotel num local novo em folha, mas também de levantar aquele bairro decadente. Tenho a mania de "pensar grande". Por que fazer só uma coisa quando se podem fazer duas ou mais ao mesmo tempo?

O antigo Hotel Commodore, ao lado da Grand Central, estava em péssimas condições. Era uma vista horrorosa. As pessoas continuariam saindo de suas elegantes residências e passando ali no caminho de seus bons empregos e seguiriam essa rotina a menos que a cidade desmoronasse e sumisse do mapa, o que provavelmente não aconteceria. Sabia que o bairro estava pronto para uma mudança e a compra do Hotel Commodore tornou-se uma meta.

Nem meu pai acreditou que eu estava falando sério. Ele disse: "Comprar o Commodore quando até o edifício da Chrysler está indo à falência, parece brigar por um lugar no Titanic." Ele sabia que esse era um negócio arriscado tanto quanto eu. O outro lado da questão era que eu sabia que esse empreendimento seria uma maneira de fazer a cidade florescer como deveria. Para início de conversa, criaríamos empregos e melhoraríamos o bairro. Queria tornar o local bonito e essa motivação levou-me a superar todas as dificuldades e o negativismo que cercavam o projeto. Essa é uma boa coisa a se lembrar – durante o processo, use sua mente para visualizar como as coisas ficarão no fim. Isso pode tornar a miríade de detalhes e reveses em algo que faz parte do plano.

Cerca de nove meses antes de entrarmos para valer nas negociações do hotel, a proprietária, a Penn Central Railroad, gastou cerca de US$2 milhões em reformas que não causaram impacto algum. O hotel precisava de muito mais. Havia uma dívida de US$6 milhões em impostos. Essa não era uma situação agradável, e os donos estavam dispostos a cair fora. Antes de comprar o hotel por US$10 milhões, tive de estruturar um contrato extremamente complexo com as outras partes interessadas. Precisava de um abatimento fiscal da prefeitura, o compromisso de uma empresa especializada na administração de hotéis e, é claro, de financiamento. Isso tudo foi bastante complicado, e a negociação levou anos para ser concluída.

Num ponto, a Penn Central queria que eu pagasse um montante não-reembolsável de US$250 mil por uma opção exclusiva sobre a propriedade. Tive de bater o pé contra isso. Era dinheiro demais para uma situação obviamente arriscada. Para continuar no processo e ganhar tempo, pedi a meus advogados que esmiuçassem os contratos e desacelerassem tudo.

No ínterim, procurei um projetista competente para fazer um prédio espetacular. Um jovem arquiteto chamado Der Scutt demonstrou interesse de imediato. Ele entendeu que eu queria mudar totalmente o hotel, que a idéia era transformá-lo em algo novo, reluzente, e dar uma nova cara à região.

Note que eu não tinha certeza de que esse negócio daria certo, mas como possuía um objetivo muito claro, persisti e tratei de arrumar um arquiteto, como se o projeto já fosse um negócio fechado. Isso é pensamento positivo, mas também é uma atitude pragmática – manter as coisas andando! Se uma iniciativa não der certo, outra dará. No meio-tempo, concentrei-me em encontrar um arquiteto com quem estabeleci um respeito mútuo. Se o acordo não desse certo, eu já tinha alguém para o próximo grande projeto.

Contratei Der Scutt para fazer alguns desenhos e pedi uma apresentação o mais elegante possível. Também comecei a procurar uma operadora para o hotel. Esse era um negócio novo para mim, na época, então precisava encontrar alguém com muita experiência, pois teria em mãos um hotel de 1.400 quartos em quase 140m². Não era pouca coisa.

Queria uma grande operadora e as maiores eram Hilton, Hyatt, Sheraton, Holiday Inn e Ramada Inn. Para mim, a top era a Hyatt. Seus hotéis eram contemporâneos e claros, o que seria um antídoto perfeito para o escuro e lúgubre Commodore. Também tinha de pensar que, ao contrário do Hilton, eles não tinham presença marcada em Nova York. Então poderiam ter interesse no negócio.

Eu estava certo. Liguei para o presidente e conversamos sobre uma parceria. No entanto, ele começou a mudar de idéia após essa negociação inicial e isso afetou seriamente o andamento do processo. Então, procurei outro executivo no Hyatt, que sugeriu que eu ligasse para o sujeito que realmente comanda a empresa, Jay Pritzker, da família Pritzker, sócio controlador do Hyatt. Foi o que fiz. Ele pareceu ansioso para encontrar-me e veio a Nova York. Fizemos um acordo rapidamente, como parceiros em condições de igualdade. Hyatt administraria o hotel quando estivesse pronto. Vibrei com o acordo e o anunciamos à imprensa em maio de 1975.

Eu ainda precisava do financiamento e do abatimento fiscal de milhões de dólares da prefeitura. Pelo menos, com uma operadora, um arquiteto e estimativas de custo, eu tinha algo substancial para apresentar, além de minhas grandes idéias. Contratei um corretor muito experiente, na casa dos 60 anos. Eu tinha apenas 27 anos na época e contar com uma presença madura e realizada trabalhando comigo seria bastante benéfico. Faríamos a argumentação juntos para conseguir o financiamento e formávamos uma boa dupla. Esse é um ponto a ter em mente – coloque as pessoas certas para trabalhar com você. Durante a negociação com o Hyatt, foi crucial deixar de lado o presidente, que estava desacelerando o processo, e falar diretamente com Jay Pritzker. Encontrar um corretor dedicado que acrescentava o equilíbrio certo a minha imagem foi um passo inteligente. Se estou me gabando um pouco? Pode apostar.

Conseguir o financiamento tornou-se um beco sem saída. Sem o financiamento, a prefeitura não iria analisar o abatimento fiscal e sem este, os bancos não concederiam o empréstimo. Parecia que nos deparávamos com um muro a cada passo, então decidi mudar de abordagem. Apelamos para a culpa dos banqueiros em relação à decadência da cidade e disse que preferiam dar as costas quando alguém (como eu) apresentava uma excelente idéia para melhorar as coisas. Eu transformaria uma área importante, fadada a se tornar uma favela, num local novo e vibrante. Como eles não iriam querer entrar nessa? É claro que a tática não funcionou.

O PONTO BAIXO

Chegou a hora da verdade. Finalmente encontramos um banco que pareceu interessado. Avançamos nas negociações, dedicamos horas e esforços infindáveis, quando, de repente, um executivo importante mudou de idéia e apresentou uma questão irrelevante para cancelar o negócio. Apresentamos todos os argumentos imagináveis, mas o sujeito era implacável. Não arredou o pé. Então eu disse a meu corretor: "Vamos cair fora." Eu não agüentava mais.

Você deve estar surpreso de ouvir-me dizer isso, mas essa foi uma das poucas vezes em que quis jogar tudo para o alto. Foram meu corretor e meu advogado, George Ross, que me convenceram a não desistir, relembrando-me de todo o tempo e esforço dedicados ao projeto. Resolvi persistir e ir até o fim. Desistir não faz parte de minha natureza, mas estou contando esse episódio para você ver que existem momentos em que as dificuldades parecem maiores que as recompensas. Esse, sem dúvida, foi o fundo do poço, mas como me mantive firme, tornou-se o momento da virada. Depois disso, minha determinação foi *fortalecida*.

Decidi procurar a prefeitura, mesmo sem o financiamento, e expliquei a situação: o grupo Hyatt estava ansioso para ingressar em Nova York, mas os custos eram altos demais, a menos que a cidade nos concedesse um desconto nos impostos sobre a propriedade. Fui direto ao ponto e funcionou. A prefeitura aceitou o acordo que basicamente nos tornaria parceiros e eu teria um abatimento no imposto sobre a propriedade por 40 anos. Foi um acordo que beneficiou a todos. Eu compraria o Commodore por US$10 milhões, com US$6 milhões para a prefeitura a título de impostos. Depois eu venderia o hotel para a cidade por um dólar e a prefeitura o alugaria para mim por 99 anos.

Complicado? Sim, mas funcionou e consegui o financiamento com as duas instituições, uma das quais localizada bem em frente ao Commodore. Acho que eles não queriam que a região continuasse em declínio, o que fatalmente aconteceria. Sabiam que um novo e belo hotel poderia trazer a área de volta aos bons tempos e aos negócios prósperos.

O RESULTADO

Não sei se você já viu o Hyatt, na Grand Central, mas o prédio tem quatro paredes externas de espelhos – que refletem toda a maravilhosa arquitetura da área. Por incrível que pareça, isso deixou muita gente furiosa a princípio, pois não combinava com o estilo do bairro. O que não perceberam é que os reflexos dos prédios vizinhos enfatizaram sua beleza e importância aos céus de Manhattan. Hoje, a população e os críticos adoram o edifício, que foi o pioneiro na revitalização da área da Grand Central, inaugurado em 1980 com grande sucesso. Atualmente, ele é um centro de interesse na cidade de Nova York: um local próspero e bonito. Estou muito feliz por mim e pela cidade por eu não ter desistido do projeto.

CONSELHO DE TRUMP

Espere problemas e reveses. Eles fazem parte do jogo. Se você não se deparar com grandes dificuldades, provavelmente é porque está fazendo algo fácil e não muito valorizado – é certo que ganhará muito dinheiro com isso. Um grande problema costuma ser sinal de uma grande oportunidade. Esteja preparado para trabalhar muito por isso.

Não tenha medo de ir atrás de várias opções ou pessoas ao mesmo tempo. Se uma coisa não funcionar, você terá alternativas à mão. Garanto que nem tudo vai funcionar. Na verdade, talvez você tenha de experimentar várias coisas para chegar a alguma que dê resultado. Isso se chama tenacidade e é uma característica crucial ao sucesso.

15

CULTIVE O SENSO DE DESCOBERTA

Uma carta de minha professora do jardim-de-infância

Recebo várias correspondências todos os dias – pilhas delas. Não faz muito tempo, recebi uma carta de minha professora do jardim-de-infância. Foi uma grande surpresa deparar-me com tal missiva numa pilha de cartas. Ela disse que se lembrava claramente de mim porque eu nunca parava de fazer perguntas. Fui o aluno mais questionador que ela teve em toda a sua vida. Respondi dizendo que algumas coisas não mudam – continuava fazendo muitas perguntas –, mas que minha curiosidade e meu senso de descoberta ajudaram-me muito em todos esses anos. Também agradeci, tardiamente, pela paciência de tantos anos e por ouvir todas as minhas perguntas.

Comecei a pensar naquele tempo. Cada uma de minhas perguntas era o início de uma descoberta e isso me acompanha até hoje. Espero que o mesmo aconteça com você. Talvez seu próprio senso de descoberta o tenha levado a ler este livro.

Emerson disse: "O que ficou para trás e o porvir são infinitamente pequenos comparados ao que ficou dentro de nós." Esse é um bom pensamento para se ter em mente, pois permite pensar "grande" graças aos grandes reservatórios de idéias que residem em todos nós. É um caminho para abrir os canais da criatividade que levam a descobertas e realizações. Também é um lembrete de que não importa o quanto você já tenha realizado, há muito mais o que conquistar.

Talvez eu seja curioso por natureza, mas acredito que essa é uma boa postura a cultivar. Gosto de ouvir as pessoas e aprendo muito com isso. Meus interesses se refletem na diversidade de meus negócios – imóveis, entretenimento, campos de golfe e assim por diante. Manter-se o mais diversificado possível pode abrir um leque de oportunidades muito maior do que você pode imaginar. Às vezes, uma coisa pode levar a outra.

Você já sabe que não gosto muito de complacentes e sabichões. Quanto mais você aprende, mais percebe o quanto ainda não sabe. Essa postura é excelente para se preparar para grandes sucessos. Qualquer atitude diferente é burrice. Como você poderá aprender alguma coisa se já sabe tudo?

Quando as pessoas visitam meu escritório pela primeira vez ficam surpresas com a quantidade de perguntas que faço. Lembro-me de quando tive de escolher entre três pias de banheiro diferentes. Coloquei-as do lado de fora de meu escritório por algumas semanas e pedi a opinião de cada pessoa que entrava em minha sala. Você ficaria impressionado em ver quanto assunto isso rendeu e quantos insights importantes aprendi com essas pessoas e suas opiniões. Dê uma chance a si mesmo – cultive um senso de descoberta.

16

Saiba quando cortar os prejuízos

Por que me recuso a acreditar que Richard Branson é rico só porque é dono de uma companhia aérea

TRUMP SHUTTLE

Como decidir se é mais sensato cair fora ou continuar no barco? Eu diria que uma companhia aérea é uma grande idéia se você quiser um negócio problemático, de concorrência acirrada, que demande muito esforço e tenha uma margem de lucro muito pequena. Recentemente, vimos o que aconteceu com a JetBlue. Bateram recordes, os passageiros estavam muito satisfeitos e uma nevasca acabou com a reputação e a credibilidade da empresa, tirando-a completamente do jogo. Sua popularidade sofreu uma queda vertiginosa, e tiveram de emitir um pedido de desculpas oficial aos passageiros pela má administração. Pensei: "Essa é a empresa aérea para você." Até a Delta Airlines, estabelecida há muito tempo, acaba de sair da concordata.

Posso falar desses episódios sobre as empresas aéreas com conhecimento de causa, pois fui o dono de uma de 1989 a 1992. Era a Trump Shuttle, originalmente parte da Eastern Air Lines. Tínhamos vôos de hora em hora do aeroporto de La Guardia, na cidade de Nova York, a Boston e Washington, DC. Entrei no ramo inicialmente porque a Eastern Airlines estava em dificuldades no fim dos anos 80 e começou a vender suas rotas, entre as quais a ponte aérea da região nordeste. Essa rota era muito procurada, e eu sabia que poderia ser um sucesso. Só precisava de um pouco de polimento para tornar a viagem um pouco mais confortável para os passageiros.

Minha experiência anterior com viagens aéreas ocorreu quando havia o serviço de helicópteros que oferecia vôos para Atlantic City, La Guardia, Manhattan, Hamptons e Hartford, e eu também tinha um avião particular. Sabia das conveniências que agradavam os passageiros. Lancei uma nova ponte aérea top de linha, com tecnologia de ponta, serviço de check-in de primeira e laptops disponíveis para locação. Os aviões 727 foram totalmente redecorados com acabamento em bordo e belos acessórios. Fui o pioneiro em oferecer verdadeiro luxo aos passageiros de ponte aérea, acostumados ao transporte frugal.

O PONTO BAIXO

Entrei num verdadeiro turbilhão. Sabia que a Eastern Airlines passava por dificuldades e comprei a ponte aérea durante uma ameaça de greve dos mecânicos. Digamos que havia problemas, mas estou acostumado, certo? Bem, as dificuldades das companhias aéreas são uma história totalmente diferente. A greve ocorreu e durou tempo suficiente para perdermos vários passageiros para a Amtrak e a Pan Am Shuttle. Além disso, estávamos no início de uma recessão e, em 1990, o preço dos combustíveis subiu vertiginosamente quando o Iraque invadiu o Kuwait. Se não fosse uma coisa, seria a outra. O setor é tão delicado que o menor abalo na política, economia, mão-de-obra ou no clima – e uma centena de outras variáveis – pode fazer um futuro brilhante ir por água abaixo.

Como já disse, eu estava em dificuldades financeiras na época que só cresceriam por causa da recessão que se instalara. O *Wall Street Journal* e o *New York Times* previram minha total falência em 1991. Tive muitos abalos, mas ainda estávamos em 1990. Estava certo de que a Trump Shuttle decolaria e fugiria da recessão. Eu estava errado. A empresa nunca gerou os lucros esperados, e como meus outros negócios começaram a declinar, meus credores não ficaram nem um pouco entusiasmados com meu último empreendimento. Em setembro de 1990, o Citicorp, banco credor da companhia aérea, assumiu o controle da operação. É uma história complicada, mas, em resumo, assim foi extinta a Trump Shuttle, em abril de 1992, quando foi incorporada a uma nova corporação, adquirida pela US Airways.

Tenho de admitir que fiquei aliviado de sair do negócio. O momento era inoportuno, mas observando o setor eu me pergunto se *existiria* um momento certo. Lucrar com uma empresa aérea não é fácil, e o ramo é volátil e trabalhoso. É por isso que acho difícil acreditar que Richard Branson, dono da Virgin Air, ganhou algum dinheiro com sua empresa de transportes aéreos. Felizmente, ele tem outras empresas. Do contrário, não acredito que teria a condição financeira de que desfruta hoje.

No caso da Trump Shuttle, sei que fiz a coisa certa para torná-la um negócio bem-sucedido e desejado. Melhorei a experiência do passageiro e lancei algumas inovações. Mas não valeu de nada, pois as forças externas eram grandes demais. É uma das ocasiões em que você deve saber que a melhor coisa é tirar o time de campo, cortar os prejuízos e partir para outro negócio. Foi uma excelente experiência de aprendizado – do tipo de negócio em que *não* se deve entrar. Estou muito feliz com meu avião 727 e meu helicóptero particulares. Raramente faço vôos comerciais e não sinto a menor falta disso. Tampouco de ter negócios no setor aéreo.

CONSELHO DE TRUMP

Às vezes, você se empenha ao máximo em fazer alguma coisa que não dá certo. A questão é: Como saber quando desistir? Geralmente analiso a questão por mais tempo que a maioria faria em situação semelhante – motivo pelo qual quase sempre tenho sucesso onde os outros fracassam. Também sei que às vezes é preciso jogar a toalha. Você pode até fracassar, mas certamente aprenderá algo importante com isso. Encare o fato como experiência, não leve para o lado pessoal e saia em busca do próximo desafio!

17

Negócios têm a ver com conhecimento do mundo

Talvez existam um milhão de definições para a palavra "negócios" – o que é, o que não é, o que tem a ver, o que não tem a ver, como funciona o mundo dos negócios, e assim por diante. Anos atrás, percebi uma coisa importante: negócios têm a ver com conhecimento do mundo. Foi uma descoberta e tanto, que me abriu para uma miríade de grandes oportunidades que eu não via antes.

Comecei a enxergar o mundo como um mercado emergente. Esse insight pode melhorar sua visão quase automaticamente (e visão é um elemento essencial para o sucesso). Na verdade, se você puder começar a olhar seu bairro, cidade e estado como um mercado emergente, ficará surpreso com o aumento de sua criatividade. Novas idéias surgirão mesmo você conhecendo cada rua, cada casa, cada árvore. Esse novo olhar pode ser precioso quando se trata de negócios.

Quando se deparar com alguma grande idéia, pergunte a si mesmo: "O que estou fazendo questão de não ver?" Esse será um bom teste para pontos cegos. Não descarte essas idéias repentinas, mas tenha cuidado com elas.

Conhecer o mundo significa ter uma visão total. Sem dúvida, essa é uma atitude melhor que ver apenas um pedaço da vida e se contentar em conhecer apenas o que o cerca. O desconhecido pode ser tão importante quanto o que conhecemos. Se essa constatação não o deixa supercurioso em relação ao mundo, não sei como atiçar seu interesse em ampliar seus horizontes. É fundamental manter uma visão total em mente e ter sede de conhecimento para alcançar um expressivo sucesso.

Comecei a "pensar grande" há muito tempo, desde que decidi vencer em Manhattan, ainda jovem. Esse era um objetivo imediato. A meta final era um pouco mais universal. No entanto, as coisas seguem uma determinada ordem. Hoje, tenho empreendimentos em vários países, e a marca Trump é conhecida no mundo todo. Isso não aconteceu por acidente.

Além da desmedida determinação e grande força de vontade, devo dizer que o entendimento de como o mundo funciona, que inclui um senso de história mundial, é um ingrediente necessário para o sucesso em vários setores da vida. Pode haver golpes de sorte que impulsionam as pessoas para a fama ou a fortuna, mas quase sempre aqueles que operam em larga escala e mantêm o mesmo nível de zelo e sucesso por muito tempo também compartilham de um amplo conhecimento do mundo.

Acredito que o modo como a tecnologia movimenta os negócios no mundo todo é um exemplo disso. Os visionários viram tudo isso antes que a massa pudesse imaginar tais avanços. A internet uniu o planeta de um modo empolgante e eficiente, e todos nós fomos atingidos pela onda. A tecnologia cresce tão rapidamente que é difícil acompanhar as mudanças, mesmo se você trabalhar no setor. As pessoas perguntam: "Mas todas essas mudanças são realmente necessárias?" E eu digo: "As geladeiras não são fundamentais – afinal, o mundo sobreviveu sem elas durante séculos – mas ninguém duvida de que se trata de uma invenção fantástica. Na verdade, por muitos anos, a reputação dos países era medida, em grande parte, em função do número de refrigeradores disponíveis."

Mercados emergentes é um termo geralmente associado às empresas de Wall Street, que contam com departamentos inteiros dedicados a mercados de rápido crescimento em países em desenvolvimento no mundo todo. Lugares como China, Brasil, Rússia e Coréia, entre outros, têm causado grande impacto na economia mundial. Já que você vive neste mundo, é bom se informar a respeito porque essa realidade afetará você e seus objetivos nos negócios.

Meu conselho é mudar sua bússola do modo local para global – sem tirar os olhos dos negócios locais. Talvez você precise de uma hora a mais por dia, para se inteirar dos principais acontecimentos mundiais, mas posso lhe garantir que valerão a pena o tempo e o esforço. Como sei disso? Em que país você mora? Já ouviu falar em Trump? Essa é a resposta.

18

SE VOCÊ ACHAR QUE PODE CONCLUIR UM PROJETO DE SEIS ANOS EM SEIS MESES, PROVAVELMENTE CONSEGUIRÁ

*Wollman Rink, Central Park,
cidade de Nova York*

Quase sempre, tudo o que quero fazer envolve várias outras organizações e um monte de burocracia. Dizem que não se pode lutar com a prefeitura, mas não tenho problema em desafiar o senso comum. Siga sua opinião, vá em frente e lute, especialmente quando se trata de algo importante para você. Uma determinada luta teve um elemento pessoal – a vista da janela de minha sala de estar.

Em meu apartamento na Trump Tower temos uma vista superior do histórico e pitoresco Wollman Rink, no Central Park. O rinque e seus patinadores formam uma bela paisagem de inverno. No entanto, depois de seis anos seguidos vendo o local fechado, cansei-me e decidi fazer algo a

TRUMP: NUNCA DESISTA!

Wollman Rink

respeito. Esta é uma história sobre fazer algo difícil. Mais que isso, é uma história de entrar deliberadamente numa verdadeira confusão, mas o resultado foi um final feliz para muitos cidadãos da cidade de Nova York e para milhares de visitantes. Este trabalho de amor acabou se transformando em uma de minhas realizações favoritas.

O fiasco da gestão da cidade de Nova York com a reforma do Wollman Rink foi um clássico absoluto. Depois de seis anos de obras que totalizaram US$12 milhões, o rinque continuava fechado. Então, em 1986, a prefeitura anunciou que a reforma começaria novamente do zero. Não agüentava mais a situação e resolvi escrever para o prefeito Koch oferecendo-me para construir um rinque totalmente novo no local num prazo de seis meses, sem custo algum para a cidade. Seria um presente meu para Nova York.

No entanto, o prefeito Koch desprezou a oferta e publicou minha carta nos jornais da cidade como piada. Infelizmente, para ele, o público e os jornalistas nova-iorquinos ficaram do meu lado. Koch subestimara totalmente a reação da imprensa. Como um jornal publicou: "A prefeitura não provou coisa alguma, a não ser que não consegue finalizar a obra." A reação de Koch a meu gesto magnânimo lembrou-me de um velho ditado: "Nem as boas ações ficam impunes."

No dia seguinte, com os jornais e o público do meu lado, Koch mudou de idéia completamente. De repente, a prefeitura estava quase implorando para que eu assumisse o Wollman Rink. Tivemos uma reunião em meu escritório no dia 6 de junho de 1986, com as autoridades municipais e, para resumir a história, entramos num acordo. Levantei o dinheiro e prometi entregar a obra até o dia 15 de dezembro. Àquela altura, a prefeitura me daria um reembolso de menos de US$3 milhões, somente se o rinque funcionasse. Se eu gastasse menos, a prefeitura reembolsaria apenas os gastos efetivos. O que excedesse o valor acordado ficaria por minha conta.

O PONTO BAIXO

Embora tivesse um interesse genuíno na reforma, devo admitir que quando fui examinar o local e vi as condições, tive alguns momentos de dúvida. O rinque tem mais de 4000m^2 – um dos maiores construídos pelo homem nos Estados Unidos. Havia buracos enormes no teto da casa dos patinadores, extensos danos causados pela água e o local precisaria de mais de 35km de canos. Além disso, teríamos de adquirir duas unidades de refrigeração de 17,5 toneladas cada. E eu tinha assumido o compromisso público de entregar a obra em seis meses! Fiquei pensando se não havia me colocado numa situação potencialmente humilhante. Se falhasse, a notícia apareceria em todos os jornais e minha reputação certamente seria abalada. Tinha alguns desafios pela frente, sem dúvida. Mas as inseguranças sumiram assim que visualizei o lindo rinque terminado em minha mente. Sabia que conseguiria realizar aquilo, mas não me enganei dizendo a mim mesmo que seria fácil.

As condições físicas do rinque não eram o maior problema. Havia uma falta de direcionamento tão grande que o processo de restauração parecia uma pista de carrinhos de trombada rodando em círculos. Não havia liderança. Foi então que decidi assumir o comando e verificar o projeto diariamente. Queria saber o que estava acontecendo, quem estava fazendo o quê e passei a supervisionar o andamento da obra pessoalmente. Por exemplo, como não entendia nada de construção de rinques, fui à procura do melhor construtor de pistas de patinação no gelo. Conversei com especialistas e optei por um sistema de salmoura para refrigeração do gelo. É mais caro, porém mais durável. Encarei cada aspecto da reforma como uma atribuição pessoal.

O rinque ficou pronto um mês antes do prazo, e o custo ficou abaixo do orçamento. O esforço valeu muito a pena. A inauguração de gala foi um grande evento, e patinadores como Peggy Fleming, Dorothy Hamill, Scott Hamilton, entre outros, ajudaram a abrilhantar esse grande dia para a cidade de Nova York. Finalmente tínhamos um rinque funcionando, um lugar lindo para os nova-iorquinos se divertirem. Todo o lucro é destinado à caridade e à secretaria de parques da cidade. Todos saíram ganhando.

O processo foi fácil? Não, foi complicado. Valeu a pena? Pode acreditar. Quando vier a Nova York, não deixe de visitar o rinque. Patinar sob as árvores do Central Park e olhar aquele céu magnífico é algo de que você jamais esquecerá.

ADENDO À HISTÓRIA DO WOLLMAN RINK – 21 ANOS DEPOIS

O fiasco do governo no projeto Wollman Rink é devido, em parte, a uma terrível lei aprovada no estado de Nova York em 1921, chamada Lei Wicks, que exige que as prefeituras que efetuarem construções ou reformas com custo orçado em mais de US$50 mil contratem quatro empreiteiros distintos (para construção geral, encanamento, parte elétrica e aquecimento e ventilação). Os municípios devem contratar o licitante com o preço mais baixo em cada uma dessas áreas, muito embora pudessem economizar muito tempo e dinheiro contratando um único empreiteiro para supervisionar todos esses subempreiteiros. Em vez de permitir a concorrência, essa lei aumenta em até 30% o custo de qualquer consu. tado de Nova York.

Felizmente, há esperança de nos livrarmos dessa lei graças à rece. atenção da mídia ao problema. Em 29 de maio de 2007, o *New York Times* publicou um artigo escrito por Dorothy Samuels em seu editorial com o título *From Donald Trump to Eliot Spitzer: Still Battling Over a Wasteful Law* (De Donald Trump a Eliot Spitzer: Ainda na luta contra uma lei perdulária). Samuels é uma escritora perspicaz que fala de assuntos importantes. Ao trazer à berlinda a Lei Wicks, ela contou novamente a história de como consegui salvar o Wollman Rink da inépcia do governo e ensinar aos cidadãos de Nova York algo que eles provavelmente não sabiam, exceto os que atuam no setor de construção civil. É algo que os afeta, pois eleva os custos do governo e, conseqüentemente, os impostos. Devo dizer que foi bom ser lembrado 21 anos depois como alguém que tentou fazer a diferença, e fez. Espero que essa situação seja corrigida em breve para o benefício de todos.

19

NÃO DEIXE O MEDO DETÊ-LO — MESMO DIANTE DE MILHÕES DE PESSOAS

Dúvidas continuarão a surgir, mesmo depois de você ter decidido ir em frente

A HISTÓRIA DO *SATURDAY NIGHT LIVE*

O que fazer quando as dúvidas continuam aparecendo, mesmo depois que você assumiu o compromisso de ir em frente? Muitas pessoas se enganam ao pensar que enfrento o planeta em estado de absoluta certeza o tempo todo. Na verdade, há momentos em que tenho de combater as inseguranças depois de ter tomado grandes decisões. O desafio é o que fazer com elas. Se não forem dirimidas com habilidade, as incertezas podem minar sua energia e resolução. Quando bem digeridas, as dúvidas servem para deixá-lo mais alerta e aumentar suas chances de sucesso.

Sempre me lembro do dia em que Jeff Zucker, presidente da NBC, ligou para marcar uma reunião em meu escritório. *O Aprendiz* já era o sucesso da temporada na NBC, e não pensei que ele quisesse fazer uma visita social, levando em conta nossas agendas apertadas. Entretanto, eu não estava preparado para o convite que motivou a reunião. Ele entrou e disse: "Donald, preciso de um favor. Quero que você apresente o *Saturday Night Live*."

Apresentar o *Saturday Night Live* costuma ser um trabalho reservado a profissionais do entretenimento, como Billy Crystal, Kevin Spacey e Robin Williams. Embora tenha me sentido honrado com o convite, fiquei pensando se não seria uma grande chance de fazer um papel ridículo. Tive poucos momentos de hesitação como esse e depois concluí que seria uma grande oportunidade e um enorme desafio. Poderia ser divertido. Então, aceitei o desafio.

O PONTO BAIXO

Eu realmente não sabia em que estava me metendo, mas era tarde demais. Depois que Jeff saiu, comecei a pensar no público ao vivo, nos esquetes cômicos, no monólogo, no confronto direto com Darrell Hammond, que me imita muito bem, e sabe Deus no que mais. Esta é uma história particularmente boa para este livro porque ilustra como as dúvidas – que podem ser a pior forma de adversidade – continuam a surgir mesmo depois que decidimos ir em frente, com coragem, assumindo um grande risco. Vou contar uma coisa: tive muitas dúvidas depois de aceitar o convite. Nem sempre é fácil continuar só porque você decidiu fazer algo com entusiasmo. A idéia de que se o show fosse um desastre, a que milhões de pessoas assistiriam sem cortes, martelava em minha mente. Era uma grande oportunidade para um retumbante fracasso. As dúvidas aumentaram e eu sabia que tinha de me recompor.

Quanto mais eu pensava no assunto, mais perto chegava à seguinte conclusão: o programa é lendário, conheço seu criador, Lorne Michaels, e os escritores são fantásticos. Sei que daria o melhor de mim. Como sempre digo, é preciso pensar grande.

De qualquer forma, o processo do show ao vivo foi uma experiência incrível. Primeiro, na terça-feira, reuni-me com a equipe de talentosos escritores de Lorne, liderada por Tina Fey. Fizeram perguntas e apresentaram várias idéias. Foi uma hora intensa e produtiva. Na quinta-feira, lemos os esquetes com os integrantes da equipe do *Saturday Night Live*. Como são profissionais, mas muito amáveis e solícitos, a experiência foi prazerosa e senti o nervosismo desvanecer. Sabia que enfrentaria algumas dificuldades e fiquei imaginando como tudo se encaixaria nos próximos dois dias. Também imaginava como iria me lembrar da experiência. Estou acostumado a preparar meu próprio material e sinto-me à vontade em falar ao público. Mas agora a situação era totalmente diferente.

Nosso primeiro dia de trabalho em tempo integral foi na sexta-feira, quando repassamos os esquetes no palco do *Saturday Night Live*. Os cenários não estavam prontos, mas o aspecto teatral do negócio em que eu ingressara ficou bastante claro. Tanta coisa acontecia ao meu redor que não tive tempo de levar minha apreensão em conta – eu iria participar de uma série de esquetes. Seria um hippie numa reunião de negócios, o autor de um romance, um advogado, um personagem de *O Príncipe e o Mendigo,* com Darrell Hammond, um tecladista e muito mais. Além disso, as trocas de roupas eram outra preocupação. Não havia muito tempo entre os esquetes e cada um deles exigia uma troca de roupa, ainda que parcial. Felizmente, a equipe de figurino entra em campo e navega pelos bastidores durante o show. Como sou um sujeito que gosta de saber tudo o que está acontecendo a meu redor, admito que às vezes me senti um pouco oprimido.

As coisas iam bem e meu nível de confiança aumentava, especialmente quando vi que os espectadores assíduos do *Saturday Night Live* estavam gostando do programa e dando boas risadas. Depois vi minha roupa para o número das asas de frango. Era um comercial da Trump's House of Wings*, e caiu no gosto popular logo na primeira apresentação. No esquete havia galinhas cantantes e eu ficava no meio delas. Não preciso dizer mais nada. Já havia dito que não iria mais vestir aquela roupa e eles me deram um traje pior ainda: um terno de poliéster amarelo brilhante que deixaria qualquer um com cara de pato, para dizer o mínimo. Lembro-me de ter dito a alguém: "No que me meti?"

---

* *Nota da Tradutora*: Restaurante que serve asas de frango fritas.

Mal sabia que o pior ainda estava por vir: o monólogo. Imagine a cena: eu andando num palco diante de milhões de espectadores e torcendo para ser engraçado. Agora imagine isto: E se não tivesse a menor graça? É melhor nem imaginar! O negócio é encarar, senão você congela só de pensar no assunto.

Quero fazer uma pausa para reiterar o que acabei de escrever. Esta é uma verdade absoluta: às vezes você tem de ser firme e fazer o que se propôs. A hesitação leva ao medo e o medo do fracasso pode detê-lo de imediato. Você tem de trabalhar a despeito dos temores e eles costumam desaparecer. Não deixe que o medo o detenha!

Sei que falar é fácil. Naquela altura, cheguei a dizer para os cenógrafos: "O que estou fazendo aqui? Deveria estar construindo, como vocês. Sou do ramo de vocês." Quando me aprofundei nos ensaios, foi tudo bem. Demos boas risadas que, pode acreditar, soaram como música a meus ouvidos. Esse foi um grande teste para minha capacidade de trabalhar sob pressão, num ambiente novo. Na verdade, lembro de pensar em convidar Darrell para vir a meu escritório algum dia, então eu poderia tirar uma folga e ele ficaria em meu lugar por algumas horas. Essas idéias aliviavam um pouco minha fixação no show ao vivo da noite seguinte. Era tudo novidade para mim.

E chegou o sábado, que acabou sendo uma maratona para todo mundo. Apresentei o programa para um público ao vivo de 300 pessoas. Esse é considerado um último ensaio e os esquetes que mais agradarem esse público farão parte do programa final. Foi então que descobri que só saberíamos quais números fariam parte do show ao vivo, bem como que ordem seguiriam, meia hora antes de entrarmos no ar. Como um sujeito que gosta de ter tudo em ordem e de estar preparado para o que der e vier, essa notícia atingiu-me como uma surpresa não muito agradável. Estou acostumado a analisar plantas por um bom tempo, por exemplo. Estar bem preparado para reuniões importantes tem sido um dos segredos de meu sucesso. Agora, imagine só, alguns esquetes ensaiados nos últimos dois dias seriam cortados, entre os quais um de meus favoritos, em que eu fazia o papel de um romancista. Toda a preparação para esses números teria sido em vão. Depois, teríamos uma nova seqüência de apresentação, sem tempo para nos prepararmos. Seriam momentos eletrizantes, com certeza.

Tive de respirar fundo e perceber que a situação era difícil demais para mim. Mas foi uma experiência incrível, com um público enorme – um momento registrado para a posteridade. Minha foto ficaria na parede dos corredores do lendário show. E se eu fracassasse? E se esquecesse as falas ou a letra da música que tive de aprender em cinco minutos? E se vestisse o traje errado? Pareceria um idiota e não um respeitado incorporador, não é mesmo? Pode acreditar, você é capaz de pensar em tudo em momentos críticos como esse. Então, se algum dia você sentir-se assim, saiba que não será o único. Ouça o meu conselho: vá em frente e dê um show!

Foi o que fiz e, começando com o monólogo, posso dizer que essa foi uma noite inesquecível. Todos se divertiram, dos figurinistas aos profissionais do *Saturday Night Live*, os espectadores (ao vivo e os que assistiam pela TV), os músicos que garantiam que estaríamos prontos para entrar em cena na hora certa. O melhor foi que me diverti muito e valeram a pena toda a aflição e o medo do fracasso que me assombrou naquela agitada semana. Se algum dia imaginei-me apresentando o *Saturday Night Live*? Nunca! Essa é a magia de se arriscar. O sucesso só acontece quando você decide assumir riscos. Não se contente com o fracasso quando pode se arriscar e mudar o rumo de sua vida, ou pelo menos melhorá-la. Talvez você não seja convidado para apresentar um programa ao vivo, mas arriscar-se e colocar-se numa situação nova e incômoda, sem dúvida, poderá trazer um pouco de emoção à sua vida. Se posso fazer um número cantando, vestido num terno amarelo brilhante e dançando com pessoas vestidas de galinha, diante de milhões de pessoas, você também pode se arriscar de vez em quando. Não quero saber de desculpas. Vá à luta e nunca desista!

CONSELHO DE TRUMP

Seja um camaleão. Quando uma oportunidade desafiadora surgir, aproveite-a ao máximo. Aprenda com ela. Assumir riscos e errar é a melhor maneira de aprender algo novo. Na maioria das vezes, você ficará surpreso consigo mesmo.

Vá fundo. Não dê tempo para as dúvidas. Se você está pensando: "Não tenho certeza de que posso fazer isto", mude a sintonia para: "Será ótimo quando eu fizer isto!"

20

Não se leve tão a sério

As pessoas se surpreendem quando visitam nossos escritórios e ouvem minhas risadas. Sou um empresário sério, mas também conheço o valor do riso. É por isso que acho graça quando vejo aquelas caras fechadas em comerciais e propagandas, tentando passar uma imagem de seriedade ao produto. Não há motivos para não se divertir. Na verdade, se você não está se divertindo com o que faz, aconselho-o a procurar outra atividade. Se você não for um neurocirurgião, sugiro que dê um toque de leveza ao seu dia-a-dia.

Meu amigo, Joel Anderson, é um empresário de muito sucesso, e tentei convidá-lo para o programa da Police Athletic League em homenagem a Robert Morgenthau, uma figura notável. A Police Athletic League é uma de minhas obras filantrópicas favoritas e sou um dos membros do Conselho de Administração. Só consegui falar com Joel depois do evento. Ele estava viajando, mas escreveu um bilhete e enviou um cheque mesmo assim. Explicou que graças a *O Aprendiz*, fiquei tão famoso que conseguiria vender uma carta com minha assinatura por dinheiro suficiente para cobrir o cheque que ele anexara ao bilhete. Respondi com uma nota de agradecimento dizendo que gosto de ter amigos perspicazes que identificam um bom negócio logo de cara. Demos boas risadas e a Police Athletic League ganhou uma boa doação.

Os negócios também funcionam assim, e o humor pode trazer prazer a cada dia. Tente apimentar suas tarefas diárias com piadas e risadas ocasionais e verá que o trabalho será algo muito mais agradável. As pessoas que trabalham com você ficarão felizes de dar boas risadas durante o expediente.

Na primeira temporada de *O Aprendiz,* escrevi uma carta a Mark Burnett dizendo que trabalhar com ele havia sido uma experiência fantástica. Expliquei que, quando escrevi *The Art of the Deal,* em 1987, mal sabia que o livro se tornaria um best-seller e um catalisador para um jovem que vendia camisetas em Venice Beach, na Califórnia. (O jovem era Mark Burnett.) Também disse que se algum dia critiquei os rapazes que ficam zanzando pela praia, retiraria formalmente minhas palavras. Tornamo-nos não só parceiros de negócios, mas também amigos, e o modo como nos divertimos torna nosso trabalho uma experiência muito melhor.

Vale a pena ter senso de humor em relação a si mesmo. Fiz um comercial para a Visa há alguns anos em que tive de fazer uma cena em que apareço rastejando (ou fingindo rastejar) numa caçamba de lixo para recuperar meu cartão Visa. Fui filmado no topo da Trump Tower mostrando meu cartão quando um vento forte o tira de minha mão, jogando-o prédio abaixo. Um transeunte percebe que estou engatinhando na lixeira e diz: "E eu pensava que ele fosse rico!" Não me importei, pois me diverti muito e o comercial foi um grande sucesso. Se eu me levasse a sério demais, teria deixado de me divertir um bocado e de ganhar um belo cachê. Um bom negócio deve aliar lucros a boas risadas.

21

ÀS VEZES, É PRECISO COMEÇAR TUDO DE NOVO

Dubai

Às vezes, a melhor coisa é começar tudo de novo, por mais que você esteja decidido e apto a arcar com as conseqüências. Um bom exemplo disso é o novo Palm Trump International Hotel & Tower em construção em Dubai. Acho que hoje em dia todo mundo já ouviu falar em Dubai, nos Emirados Árabes Unidos. Na costa encontra-se uma ilha artificial em forma de palmeira chamada Palm Jumeirah, um feito notável de engenharia e imaginação. Formei uma parceria com Nakheel, incorporador com fortuna acima de US$30 bilhões em imóveis em Dubai, para construir uma torre nessa ilha.

Como em árabe nakheel significa *palmeiras,* o empreendimento será sua marca registrada no Golfo Árabe. Em 2005, formamos a parceria e concordamos que o hotel, o ápice do luxo na ilha, deveria ser um exemplo extraordinário de design e inovação. Ambos temos a experiência, as credenciais e o desejo para fazer algo estupendo.

Uma coisa que me atraiu a Nakheel, além de sua proficiência e trajetória de sucessos comprovados, foi sua abordagem inovadora a tudo o que fazia. Nosso projeto original para o hotel atraiu muita publicidade. O formato de tulipa daria ao hotel uma estrutura externa de vanguarda. Estávamos muito empolgados com o arrojado projeto. O custo para conclusão da obra estava orçado em US$400 milhões.

No entanto, depois de analisarmos o projeto, percebemos que havia alguns problemas, concordamos que parecia um pouco exagerado, e decidimos refazê-lo. Começamos tudo do zero. Não tenha medo de mudar de idéia a respeito das coisas. Não há nada de errado com isso. Sim, investimos tempo e dinheiro no primeiro projeto, mas quando você está atrás de um feito extraordinário, às vezes precisa enfrentar problemas extraordinários para alcançá-lo.

O novo projeto é estonteante: uma torre bipartida, com um núcleo aberto. Orçada em US$600 milhões, a construção terá 48 andares e será feita em vidro, aço inoxidável e pedras. Sem dúvida, é um projeto que valerá a pena. O término da obra está previsto para 2009.

Quando construímos no exterior, há considerações além das de praxe. Em fevereiro de 2006, fomos atingidos por uma controvérsia no âmbito político e comercial que envolvia os Estados Unidos e Dubai, e a viabilidade do projeto foi ameaçada. Grandes acontecimentos mundiais podem surgir a qualquer momento e às vezes tenho vontade de dizer "e agora?". Mas isso faz parte do negócio. O inesperado é difícil, mas sempre esclarecedor.

A controvérsia girava em torno da venda da administração de seis importantes portos de embarque norte-americanos a uma empresa com sede nos Emirados Árabes Unidos. O negócio chamou muita atenção e foi tratado como um debate sobre segurança nacional nos Estados Unidos. A questão era se tal venda poderia comprometer a segurança portuária, e colocou Dubai na berlinda nacional e internacional. Para nós, isso poderia ser bom e ruim. O lado positivo era que, de repente, todo mundo passou a saber onde fica Dubai. O negativo era que a controvérsia, especialmente em torno da segurança nacional, poderia dificultar a transmissão da idéia de que Dubai é um destino fantástico. Levamos tempo para entender totalmente a repercussão da polêmica.

TRUMP: NUNCA DESISTA!

Alvorada em Dubai

Achei interessante a discussão toda surgir pouco depois de fecharmos negócio nos Emirados Árabes, mas tudo o que nos restava era tentar sobreviver à tempestade. Senti-me aliviado quando tudo se revolveu rápida e amigavelmente. As preocupações com a segurança dos Estados Unidos foram dirimidas e Dubai demonstrou entender a importância da questão.

Não vemos a hora de inaugurar a torre em 2009, em Dubai, e já posso dizer que cada mudança e dificuldade valeram a pena. Talvez surjam outros desafios, mas estou pronto para eles.

CONSELHO DE TRUMP

Seja resiliente. Às vezes, uma dificuldade o deixará arrasado. Seu plano pode fracassar ou seu objetivo talvez se torne inalcançável por um tempo. Surpresas também poderão paralisá-lo por alguns instantes. Agüente firme! Decidir tentar de novo é o primeiro passo rumo a acertar na próxima vez.

22

DISSE A UM AMIGO QUE ELE ERA UM TREMENDO PERDEDOR

O poder do foco

Sou felizardo em ter a capacidade de mudar meus padrões mentais rapidamente, de colocar o foco em algo novo sem precisar de muito tempo para ajustar-me. Por exemplo, dizem que conduzo reuniões bastante rápidas; consigo realizar reuniões eficazes e produtivas, uma após a outra, sem interrupções. Credito essa habilidade a conhecer bem qual deve ser o foco e à capacidade de chegar ao ponto, sem delongas.

Meu foco sempre está nas possíveis soluções de problemas e dificuldades. Em contrapartida, conheço muitas pessoas que perdem grande parte do tempo (inclusive o meu) falando de seus problemas. Fica muito claro para mim que elas evitam procurar uma solução. Ou elas gostam do drama da situação ou têm preguiça de se esforçar para encontrar saídas.

Pensar requer energia e não devemos desperdiçá-la em coisas erradas. Para cada problema existe uma solução, e as pessoas competentes vão sempre atrás dela. Certifique-se de que você está nesse grupo.

Ir direto ao ponto às vezes requer apenas fazer as perguntas certas e respondê-las com honestidade. Lembro-me de um velho amigo que estava infeliz no trabalho e ficava lamentando o tempo todo. Eu lhe disse várias vezes que, para início de conversa, ele estava na profissão errada. Acabei perdendo a paciência e dizendo que ele era um tremendo perdedor. Foi um comentário ofensivo e proposital, pois eu queria provocar uma mudança. Nesse caso, o choque funcionou. Consegui chamar a atenção para a solução, não para o problema, e hoje ele é bem-sucedido e feliz da vida. Às vezes, é preciso ser rude para mostrar seu ponto de vista.

Os que já assistiram a *O Aprendiz* sabem o que se passa na sala de reuniões. Muitas vezes, parece um pandemônio, com todo mundo falando ao mesmo tempo. O que você não vê é que às vezes as reuniões duram horas – literalmente. A quantidade de histórias, opiniões e dramas internos omitidos da versão que vai ao ar é realmente inacreditável. Após a edição, o espectador vê os pontos mais importantes que levaram meus conselheiros e eu a tomarmos uma decisão. O restante fica em segundo plano, como um ruído de fundo, em volume um tanto elevado, é fato. Toquei nesse assunto para mostrar que todos podemos fazer uma "edição" da própria conversa fiada quando precisamos tomar uma decisão.

Concentre-se nas soluções dos problemas, não nos detalhes. Esse é o poder do foco. Use-o!

23

AJUDE A SUA COMUNIDADE

Trump no oceano

Quem mora na cidade de Nova York já ouviu falar de Jones Beach. A praia e a calçada de tábuas fazem parte da lenda iniciada pelo grande Robert Moses, que considerava esse parque praiano em Long Island uma de suas maiores realizações. Visitava Jones Beach na adolescência, e o lugar é especial para mim e para milhares de pessoas. Por isso, fiquei encantado quando surgiu a oportunidade de reformar grande parte do parque. Quando analisou meus planos, a ex-secretária municipal responsável pelos parques, Bernadette Castro, chamou-os de "uma bênção de Deus". Anunciamos o projeto em setembro de 2006, com inauguração prevista para o segundo trimestre de 2009.

No início, houve oposição dos cidadãos que alegavam que "Trump não se encaixava no cenário de Jones Beach", e a Sociedade para Preservação das Relíquias de Long Island deixou claro que temia que o tamanho da nova construção tiraria a harmonia do visual de Jones Beach. Quando perceberam o quanto eu estava envolvido nos planos de reforma, tomaram conhecimento dos detalhes minuciosos e de minha preocupação com o impacto do empreendimento na comunidade e no meio ambiente então ficaram tranqüilos. Cheguei a levar um pedaço de mármore, um Breccia Oniciata, para mostrar-lhes. Acho que vai ficar uma beleza. É o mesmo mármore usado no número 40 de Wall Street, em tons sépia, muito lindo mesmo.

Sempre há os que dão o contra a qualquer coisa que você se proponha a fazer, mas esse é um bom exemplo de como se pode ajudar a comunidade. Quando perceberam como o projeto revitalizaria a economia local e embelezaria a cidade, a negatividade deu lugar à luz e a maioria passou a achar que o resultado será fantástico. Eles estão certos. Essa é uma situação em que todos ganham. Disse que quero levar esse local histórico a seu merecido padrão de luxo e torná-lo um ponto de destino valorizado por sua magnífica história.

Estamos substituindo o antigo restaurante Boardwalk por uma bela instalação de mais de 3.300m^2 com vista para o Oceano Atlântico e para o parque. Será um restaurante no estilo bufê para almoços sociais e de negócios e contará com um *lounge* e um salão de baile. O local restaurará o destaque de Jones Beach na vida da cidade de Nova York. Na verdade, a cidade pode esperar ganhos em torno de US$75 milhões nos próximos 40 anos. A construção pertencerá ao estado e nem um centavo de impostos será gasto na obra.

A lei de locação de 40 anos exigiu um acordo especial, o que não foi surpresa. No entanto, só existe outro local público com um contrato tão longo: Niagara Falls. Tivemos de ultrapassar uma série de obstáculos, mas os superamos e daremos à cidade um local fantástico.

Para início de conversa, ajudar Jones Beach é uma sensação maravilhosa. Sei das "más-línguas" que terão a agradável surpresa de ver como o projeto ficará bem integrado ao parque e ao meio ambiente. De certo modo, estou fazendo uma homenagem a Robert Moses – tenho certeza de que ele ficaria muito orgulhoso, assim como ficarão os nova-iorquinos que adoram Jones Beach.

24

DEFENDENDO

A BANDEIRA

Você acredita que tenho enfrentado batalhas para desfraldar a bandeira americana? Em meu clube de golfe na Califórnia, o Trump National Golf Club/Los Angeles, coloquei uma grande bandeira dos Estados Unidos e construí um mastro especialmente para esse fim. De repente, começaram a dizer que era grande demais. Grande demais? Grande demais para o quê? A bandeira fica de frente para o Oceano Pacífico! Acho que o oceano dá conta do recado, não? Mas sempre haverá pessoas de mentalidade tacanha com uma reclamação a fazer.

Eles reclamaram, mas levaram o troco. A maioria ficou a meu lado, insistindo para que a linda bandeira norte-americana continuasse tremulando. A repercussão foi incrível, não só para o patriotismo, mas também para minha propriedade. De uma hora para a outra, todo mundo ficou sabendo que meu lindo campo de golfe ficava de frente para o Oceano Pacífico e que eu lutaria para manter a bandeira dos Estados Unidos tremulando imponente no local. Não precisei de muita persuasão para manter a bandeira, pois o rebuliço da controvérsia fez o trabalho por mim.

Depois, decidi colocar a bandeira em Mar-a-Lago, Palm Beach, na Flórida. Estou satisfeito em contar que a cidade está feliz, eu estou feliz, e o mais importante: a bandeira continua tremulando.

Há algumas coisas pelas quais sempre vale a pena lutar, e a bandeira americana é uma delas.

25

SE HOUVER UM PROBLEMA COM SUA ROUPA DIANTE DE 10 MIL PESSOAS, TORNE O INCIDENTE PARTE DO SHOW

Dois deslizes em apresentações públicas

T odo mundo passa vexames na vida, inclusive eu. Os deslizes não parecem nada engraçados na hora em que acontecem, mas podem tornar a vida interessante. Felizmente, quase sempre, mesmo as maiores gafes podem acabar bem. Sei que isso parece clichê, mas é a mais pura verdade.

Tinha uma apresentação marcada em Dayton, Ohio, e cerca de 5 mil pessoas à minha espera. Ia de avião de Nova York com uma equipe que faria a filmagem para um quadro no programa *O Aprendiz*. Quando estava prestes a levantar vôo, o avião parou. O piloto disse que havia algo errado com os freios e que não achava seguro prosseguir a viagem. Tentamos embarcar num vôo comercial, mas não havia lugares suficientes para o grupo todo. Comecei a pensar em adiar a palestra, mas quando dou minha palavra, faço o possível para cumpri-la. Então, liguei para todos os meus amigos perguntando se alguém tinha um avião particular para emprestar-me. Logo contatei um amigo cujo avião estava em LaGuardia e não seria usado. Entramos todos no jato e finalmente partimos para Dayton. Achei que tudo daria certo daí em diante.

O PONTO BAIXO

Quando pousamos em Dayton, chovia a cântaros e, para completar, era hora do *rush*. A confusão era tanta, que arranjaram uma escolta policial para que eu e minha equipe conseguíssemos atravessar o trecho do aeroporto para o local da apresentação. Mesmo assim, o trajeto demorou bastante. Parecia que estávamos indo para a China, não para Ohio. Como se não bastasse, era o aniversário de Melania, e eu planejara voltar para Nova York a tempo de sairmos para jantar e comemorar. A menos que ela estivesse disposta a fazer uma ceia à meia-noite numa *delicatessen* perto de casa, esses planos também teriam de ser mudados. O público levou a pior, pois, a essa altura, já estava esperando pacientemente havia horas.

Quando finalmente chegamos, eu disse ao pessoal em Dayton que teriam seu próprio *reality show* naquele dia. Ficaram impressionados como conseguimos chegar lá, a despeito de vários impedimentos, e como nos divertimos com todo o atraso, a chuva e o defeito no avião. O público cantou parabéns para Melania enquanto me esperava e quando finalmente cheguei, anunciaram: "O senhor Trump entrou no prédio" – foi um *revival* dos tempos de Elvis. Dei boas risadas e todos tiveram um dia inesquecível. Por isso digo que mesmo as maiores gafes podem acabar (e geralmente acabam) bem.

PROBLEMA NO GUARDA-ROUPA

Em outra aparição pública agendada em Las Vegas para aproximadamente 10 mil pessoas, peguei um avião de outra cidade no estado da Califórnia e cheguei cerca de meia hora antes do evento. Como estava em viagem, pedi para a coordenadora dos bastidores providenciar alguém para passar meu paletó. A moça levou a roupa e fiquei esperando no camarim conversando com visitantes e Keith, meu guarda-costas. Quando chegou a hora de me apresentar, comecei a procurar meu paletó e não consegui encontrá-lo. Havia 10 mil pessoas à minha espera e nada do paletó.

A jovem apareceu e disse que tinha enviado o paletó para um hotel vizinho, mas que ainda não estava pronto. Ficamos pasmos, pois meia hora antes do show ninguém manda um paletó para passar em outro local. Pensamos que ela ou alguém passaria a peça por ali mesmo, mas a moça obviamente era nova no emprego. Não fiquei nem um pouco feliz, mas o que poderia fazer? Pedi o paletó de Keith emprestado, muito embora ele seja um pouco maior que eu. Era o jeito. Entrei no palco com alguns minutos de atraso, mas a platéia não pareceu se importar muito. Contei o que acontecera nos bastidores e pedi desculpas pelo paletó que, além de não servir direito, não tinha nada a ver com a calça. O público pareceu não dar muita bola para isso também. A palestra correu bem, a despeito da confusão nos bastidores, e os espectadores gostaram da espontaneidade criada pelo erro de outra pessoa. Eu continuava insatisfeito com o ocorrido, especialmente porque dedico muito tempo me preparando para garantir que minhas apresentações sejam perfeitas, mas concluí que "o que passou, passou" e deixei para lá.

No dia seguinte, o maior jornal de Las Vegas publicou minha foto e o ocorrido na primeira página, junto com uma notícia de Jay Leno. Em virtude do "problema de guarda-roupa" da noite anterior, decidiram dar uma cobertura maior a mim, pois o incidente se transformou num episódio divertido para eles – o bilionário que ficou sem paletó! E assim a gafe terminou funcionando em meu favor.

CONSELHO DE TRUMP

Encare os problemas com calma – em vez de tentar se livrar deles, enfrente-os. Transforme-os em algo positivo. Muitas vezes, você conseguirá desarmar as pessoas e colocá-las de seu lado. Não tenha muito apego a suas idéias. Ajuste-se, adapte-se e leve a vida numa boa.

26

Não seja complacente — pensar que você é infalível é meio caminho andado para cometer grandes erros

Como os novos projetos ocorrem na Trump Organization

Atualmente, a Trump Organization tem 33 projetos imobiliários em desenvolvimento no mundo todo. São várias construções, e administrar todos esses empreendimentos requer uma série de viagens. Sou muito grato por ter meus três filhos mais velhos, Don Jr., Ivanka e Eric, trabalhando comigo e revezando em viagens para lugares como Índia, China, Dubai e Istambul. Minha agenda já é tumultuada o bastante sem essas longas viagens.

Donald J. Trump

DJT e filhos

Muitos desses projetos são os novos e disputados condo-hotéis Trump International Hotel & Tower, um misto de acomodações de hotel e condomínio. As pessoas costumam ter curiosidade sobre como essas construções são feitas, pois somos a única empresa de hotéis que também faz incorporações. Quando um edifício leva o nome Trump, há muita investigação preliminar para verificar a veracidade dos dados, além do contínuo trabalho de administração. A única maneira de garantir qualidade é cobrir todas as bases.

Esse processo é um complexo quebra-cabeça e há uma série de fatores a levar em conta, pois não permitimos que o nome Trump seja associado a algo que não tenha sido cuidadosamente analisado e inspecionado. Recebemos propostas o tempo todo, todas são avaliadas, mas não nos interessamos por 99% delas. Também somos procurados por mais de 300 incorporadores por ano querendo estabelecer parceria conosco. Portanto, temos de adotar uma abordagem agressiva para avaliar os contratos. Avaliamos minuciosamente cada proposta, analisamos o contrato e verificamos os locais pessoalmente. Quando aprovamos uma idéia, revisamos os orçamentos, fazemos um planejamento para a fase preliminar do empreendimento e iniciamos o processo de licitações. Lidamos com empreiteiros, subempreiteiros e negociamos o preço final. Cada documento de construção tem de ser analisado por nossa equipe. Em seguida, damos início às reuniões semanais de construção com o pessoal de marketing e vendas. Conversamos com os representantes nos locais de trabalho a cada dia. Nada é deixado ao acaso. Esse é um dos motivos de nosso sucesso.

Como temos vários empreendimentos internacionais no momento, uma das questões envolvidas é a garantia dos financiamentos no exterior. Esse pode se tornar um item complicado quando o país tem um histórico de instabilidade política. Se entramos num determinado ponto do ciclo de crescimento do setor imobiliário os projetos podem ser relativamente baratos, mas com bom potencial de crescimento, então aproveitamos a oportunidade. Seria fácil adotar uma postura complacente após tantos sucessos seguidos, mas sabemos que sempre há um risco à espreita. Procuramos não relaxar adotando uma política zelosa em nossas preparações. Pensar que somos infalíveis seria meio caminho andado para cometermos grandes erros.

Muitas vezes ficamos interessados num local porque o visitei e vi o potencial. Isso aconteceu quando fui à Cidade do Panamá para um concurso

Trump Ocean Club no Panamá

de Miss Universo em 2003. Lembro-me de ter dito: "É uma cidade linda, um lugar fantástico, e gostaria de construir aqui algum dia." Bem, esse dia chegou e a construção do Trump Ocean Club está em andamento. Será um condo-hotel com 65 andares e mais de 220.000m². É a primeira vez que a Trump Organization investe na América Central e foi uma excelente escolha.

Por obra do destino, o anúncio dos planos para o Trump Ocean Club, em abril de 2006, ocorreu no mesmo dia em que o presidente panamenho Martin Torrijo pediu para os eleitores aprovarem um projeto multibilionário para expansão do Canal do Panamá. Essa seria a maior modificação do canal desde de sua inauguração, em 1914, e permitiria a navegação de grandes e modernos navios de carga. O potencial de crescimento ficou mais claro ainda, e esse foi um bom indício de que a cidade logo atrairia mais interesses e atividades. O projeto do Trump Ocean Club também é notável: parece uma vela náutica muito alta e as unidades terão vistas panorâmicas — um verdadeiro espetáculo.

Sigo meus instintos e preferências, mas também analiso propostas externas. Cobrimos nossas bases e estamos sempre prontos para novas oportunidades. Começamos a construir uma propriedade em Istambul depois que meu bom amigo, o saudoso Ahmet Ertegun, fundador da Atlantic Records, sugeriu a idéia. Ivanka fará várias visitas à Turquia para inspecionar o local.

Quando um local é aprovado, designamos um gerente de projeto para supervisionar o empreendimento. Por exemplo, em Las Vegas, temos Brian Baudreau à frente da obra do Trump International Hotel & Towers. Posso ligar para ele a qualquer hora para saber o que está acontecendo e receberei informações detalhadas por telefone mesmo. Existe uma eficiência em nossa operação que nos permite avançar com rapidez e confiança.

Nenhum projeto é isento de problemas que podem — e irão — surgir a qualquer momento. No entanto, fazemos nossa parte e sabemos que damos o melhor para garantir um elevado índice de sucesso e um padrão de qualidade famoso no mundo todo. Esse é o jeito Trump de trabalhar, e Don Jr., Ivanka, Eric e eu trabalhamos juntos para garantir que continue assim.

Trump International Hotel & Tower, Las Vegas

CONSELHO DE TRUMP

A complacência mata. Lembre-se de que o sucesso e todas as coisas boas que surgem no caminho são um resultado direto de seu esforço; você tem uma casa para morar e outros bens porque fez por merecê-los. Tornar-se convencido ou confiante demais pode levá-lo diretamente ao abismo. Sei porque já aconteceu comigo.

27

SOMENTE EM NOVA YORK!

Essa cidade tem problemas e soluções que você não encontrará em nenhum outro lugar do mundo

À s vezes o trânsito na cidade de Nova York é insuportável. Certa vez eu estava com a equipe de *O Aprendiz* em minha limusine, e ficamos presos em um congestionamento de trânsito. Não havia nada que pudéssemos fazer. Como sempre, todo mundo começou a buzinar sem parar. Minha limo estava lotada, e não tínhamos avançado nem sequer alguns centímetros em 20 minutos. Depois de certo tempo, não consegui me agüentar. Por isso, decidi descer do carro e ficar parado no meio da rua. O que aconteceu foi o de sempre, mas funcionou. De repente a sinfonia de buzinas cessou, e houve um silêncio mortal, pois as pessoas me reconheceram parado ali no meio daquele congestionamento. Elas fizeram o que eu esperava: tiraram a mão da buzina e começaram a acenar e a gritar: "Olha o Donald!" "Olha o Donald Trump!" "É o Donald – olá, Donald!" Foi um grande momento! Eu acenava de volta e sorria, mas no fundo estava aliviado por eles terem parado de pressionar as buzinas, pelo menos durante alguns momentos. Em certas ocasiões é ótimo ser reconhecido, e essa foi uma delas. É claro que muitas vezes isso cria problemas que poderiam ser evitados.

Tenho uma excelente equipe de seguranças, mas de vez em quando incidentes ocorrem. Eu tinha o compromisso de comparecer a uma festa em um barco no Rio Hudson, um jantar em um cruzeiro ao redor de Manhattan. O evento levaria uns 15 minutos, e eu deixaria o barco antes que ele zarpasse. Era um coquetel importante, e eu estava conversando com algumas pessoas quando, de repente, percebi que o barco não estava mais atracado – estávamos descendo o rio! Ninguém me dissera que iríamos deixar o cais, nem mesmo meu segurança. Ele também não percebera que o barco estava partindo. Ali estava eu, preso em um cruzeiro ao redor de Manhattan por três horas numa noite de sábado – não era exatamente o que eu havia planejado! Eu não sabia quem esganar primeiro: o comandante, meu anfitrião, meu segurança ou quem quer que estivesse perto de mim. Eu jamais teria concordado em fazer um cruzeiro de três horas. Pensei em pular no rio e nadar de volta para Manhattan. Eu estava furioso!

De qualquer modo, como não havia nada que eu pudesse fazer, decidi me conformar. O grupo era muito legal, e todos pareciam contentes em me ter a bordo, tivesse eu sido convidado ou não. Portanto juntei-me a eles, contei algumas histórias, fiz com que dessem algumas risadas, e foi muito bom. Era um belo entardecer, e a festa adquiriu um astral de comemoração, coisa que ninguém esperava. Acabou sendo uma noite inesquecível.

CONSELHO DE TRUMP

Meu conselho é: aceite as coisas como elas são, principalmente quando não há outra escolha. Daquela vez realmente apreciei o passeio tranqüilo, que foi totalmente inesperado e não fazia parte de minha programação. Eu pensava: às vezes a vida é assim. Ajudou bastante ter conseguido me descontrair e tratar de me divertir um pouco. Tente fazer isso de vez em quando – você descobrirá que funciona, mesmo que seu nome não seja Donald Trump.

28

COMO ALIVIAR O ESTRESSE

Cada um tem sua própria válvula de escape, sua forma de liberar a tensão e de mudar seu modo de raciocinar. Não importa o que funciona no seu caso, é sempre a melhor escolha, desde que não seja algo destrutivo para você mesmo ou para os outros. É por essa razão que gosto de jogar golfe. O golfe é um jogo que exige concentração, mas ao mesmo tempo pode ser muito relaxante. Sinto que ele me faz enxergar novas possibilidades, e consigo encontrar soluções muito boas para determinados problemas enquanto estou no campo de golfe.

Às vezes pratico algumas tacadas no próprio escritório, ou simplesmente seguro um taco de golfe e penso no jogo. Essa ação simples é como uma rajada de ar fresco – mesmo que seja do ar do escritório –, e me ajuda a ver as coisas de forma criativa ou sob um novo prisma. Sei que para algumas pessoas a música ou os exercícios têm esse efeito, mas em meu caso é o golfe.

Outra forma de eliminar o estresse é substituir coisas negativas por positivas. Isso é válido para muitas áreas. Por exemplo, tento me cercar de pessoas que pensam de modo positivo e me livrar das negativistas.

Qualquer pessoa que visite meu escritório verá que tenho muitas fotos de minha família – de meus pais, meus filhos e de Melania. Elas representam um grande foco positivo. Não que eu precise de lembretes, mas uma olhadela de vez em quando mantém as coisas em perspectiva. Tenho também fotos de conquistas que significaram muito para mim ao longo dos anos – portanto, se as coisas estão difíceis, tenho lembranças palpáveis de conquistas anteriores. Nenhuma delas foi fácil.

Não perca o pique, tente substituir as coisas negativas por positivas e se sairá bem, ainda que naquele exato momento você não consiga enxergar a saída.

29

Você será criticado por tentar mudar alguma coisa

Mar-a-Lago

Marjorie Merriweather Post abriu oficialmente sua residência em Mar-a-Lago em 1927. Na época, ela era a senhora Edward F. Hutton e levou quatro anos construindo aquela magnífica propriedade com estrutura de concreto e aço, localizada em um recife de corais em Palm Beach. Para os etimologistas, Mar-a-Lago é a palavra latina para lago oceânico. Só por esses fatos isolados, você já começa a ter uma idéia da história dessa espetacular propriedade, onde estive pela primeira vez em 1985.

Todo mundo já ouviu falar em amor à primeira vista, e essa centelha me atingiu na primeira vez que vi Mar-a-Lago. Senti imediatamente que ela tinha de ser minha, com seus 128 aposentos, seus mais de 10.000m² de área construída num terreno de 8ha. Eu sabia que não seria fácil, mas sabia também que não devia ter sido fácil construir algo assim, e o desafio era claro. A propriedade estava um pouco abandonada, mas mesmo assim eu estava decidido a adquiri-la.

Mar-a-Lago

Acho interessante você saber um pouco sobre a história de Mar-a-Lago, considerando que é um monumento histórico. A senhora Post, herdeira da fortuna de Cereais Post, obviamente achava que detalhes eram importantes. Para a construção, encomendou três navios repletos de pedras Dorian, da Itália, mais de 36 mil azulejos espanhóis, mais de 200m² de mármore preto-e-branco de um antigo castelo construído em Cuba para o piso da sala de jantar, além da instalação de uma torre de 36m de altura no topo da estrutura principal. A sociedade de Palm Beach estava sob as forças combinadas de Mar-a-Lago e Post, e por uma boa razão. O local superava a glória das mansões de Newport e de San Simeon como uma miniatura de Nova York. Em 1969, o Department of the Interior* determinou o tombamento da propriedade e a incluiu no Registro Nacional de Monumentos Históricos.

Nota da Tradutora: Department of the Interior é a entidade governamental norte-americana correspondente ao Condephaat – Conselho de Defesa do Patrimônio Histórico.

Após a morte da senhora Post, em 1973, a propriedade foi transferida, de acordo com seu testamento, para o governo federal para ser usada como refúgio presidencial ou para fins diplomáticos. Dez anos mais tarde, devido a problemas de segurança, bem como aos altos custos de manutenção, o governo devolveu o título da propriedade à Fundação Post. Foi quando visitei o local pela primeira vez, em 1985.

Muita coisa aconteceu entre 1985 – quando tive a primeira visão daquelas ruínas espetaculares – e 1995, quando a propriedade foi aberta como clube privado. Adquirir a propriedade foi a parte fácil – não havia muitas ofertas realmente válidas. Paguei à Fundação Post a quantia de US$8 milhões pela casa e pela área adjacente, mais US$3 milhões por todo o mobiliário original. Isso incluía a porcelana, os cristais e os objetos em ouro. Foi um preço astronômico, mas relativamente módico para Mar-a-Lago.

Outra realidade que eu estava prestes a enfrentar foi a oposição por parte de Dina Merrill, filha da senhora Post. Embora estivesse mais preocupada com sua carreira de atriz do que com o destino de sua inestimável propriedade, ela fez tudo o que pôde para me demover da compra. Contudo, outros membros da família Post ficaram do meu lado e perceberam que eu preservaria a integridade e a elegância de Mar-a-Lago. Um deles se referiu a mim como "um grande anjo da guarda de olhos azuis pairando sobre o local, apenas esperando para aterrissar e assumir o comando". Mais tarde, essa pessoa disse que eu tinha salvado Mar-a-Lago. O que quero dizer é que você sempre terá inimigos. A vida é assim. Quanto mais alto for seu objetivo, maior oposição encontrará. A despeito disso, sempre haverá alguém que enxergará suas boas e sinceras intenções.

Na região de Palm Beach, Mar-a-Lago era conhecida como um elefante branco – uma propriedade magnífica, mas impossível de ser mantida. Jimmy Carter a devolveu para a Fundação Post devido ao valor absurdo que os contribuintes tinham de pagar por sua manutenção. Como você já deve saber, gosto de desafios. Usei a casa como residência particular até 1995, mas quando a vi pela primeira vez logo imaginei que daria um espetacular clube privado. Junto com essa grande idéia surgiu outro imenso obstáculo: o zoneamento e outros regulamentos locais jamais permitiriam isso. Meu sonho jamais seria realizado. A propriedade deveria permanecer como residência particular ou seria subdividida. Era um pensamento assustador, mas era a realidade.

Eu vivia muito feliz com minha família em Mar-a-Lago, embora fosse uma casa grande demais. Havia algumas partes dela onde eu nunca tinha entrado. Havia abrigos antiaéreos, por exemplo, e muitas alas desocupadas.

O PONTO BAIXO

Então, na década de 90, passei por uma crise financeira que montava a bilhões de dólares. Você pode imaginar o que eu pensava – boa hora para entrar em um buraco financeiro! Mas pode acreditar que eu não considerava a propriedade um grande peso. Tinha tantas outras coisas com que me preocupar que mesmo com todos os seus problemas, eu considerava Mar-a-Lago uma carga pequena. Lembro-me de estar em uma sala repleta de banqueiros tentando resolver uma situação muito complexa. Eram amigos que sinceramente tentavam me ajudar. Procurando parecer despreocupado diante de uma situação terrível, eu disse: "Bem, como hoje é sexta-feira, acho que vou voar para Mar-a-Lago em meu 727 e passar o fim de semana lá." Não foi um comentário muito feliz, e na hora percebi que havia cometido um grande erro. Então, apressei-me em dizer que pretendia subdividir Mar-a- Lago e denominar o local de Mansões em Mar-a-Lago e garanti a eles que seria um empreendimento extremamente lucrativo. Isso funcionou! Percebi que a irritação deles evaporou.

Entretanto, eu teria de fazer alguma coisa em relação àquilo que acabara de prometer. Eu odiava a idéia de subdividir Mar-a-Lago. Fui a Palm Beach com essa idéia na cabeça porque seria uma solução lógica para o problema e me reuni com o procurador e o inspetor de construções da prefeitura. Eu achava que tinha direito a 14 lotes, mas eles sugeriram que eu solicitasse 8, pois assim o zoneamento sairia mais rapidamente. Embora se tratasse de uma proposta de rotina, nada exageradamente fora do normal e menos do que eu tinha o direito de pedir, a prefeitura rejeitou minha proposta. No entanto, fui amável e concordei com todas as exigências deles. Eu pensava por quanto tempo eles continuariam a me enrolar.

Em situações como essa, é importante parar e refletir por um momento. Conforme você deve estar lembrado, em princípio eu esperava poder transformar Mar-a-Lago em um clube, mas tinha grandes dúvidas de que, em virtude das leis de zoneamento, um dia a propriedade poderia ser classificada como tal. Em vez disso, veja o que aconteceu: meu direito legal de subdividir a terra em 14 lotes me fora negado. Todos – prefeitura e eu – sabíamos que isso era absolutamente injusto. Na verdade, acho que eles se sentiam constrangidos por sua postura inflexível, mas isso acabou me favorecendo. Talvez eles soubessem que eu poderia levá-los aos tribunais.

Será que as coisas são fáceis para esse cara só porque seu nome é Donald Trump? Parece que não, certo? Mas eu estava determinado a fazer as coisas da forma correta. Como resultado do tratamento que recebi da prefeitura de Palm Beach, minha equipe e eu verificamos tudo que havíamos feito nos últimos 18 meses e nos certificamos de que havíamos cumprido todas as exigências. Em seguida, revisamos as ações da Landmarks Preservation Commission (entidade oficial de preservação do patrimônio cultural da cidade), bem como as do conselho municipal, e decidimos entrar com uma ação no valor de US$100 milhões. Meus direitos civis haviam sido negados, e todos sabíamos disso. Descobri uma forma de como isso poderia trabalhar a meu favor. É bom lembrar-se disso quando as coisas parecem injustas em sua vida. Em momentos assim, manter a calma, ter paciência e usar a cabeça são atitudes que ajudam muito.

Durante o processo, o conselho municipal voltou a me procurar dizendo que me daria os 14 lotes que eu havia solicitado inicialmente – o máximo permitido por lei. Respondi que não estava mais interessado e que queria era um clube privado. Agora eu tinha margem de manobra, devido ao erro que eles haviam cometido. Além disso, dois membros do conselho municipal tiveram o discernimento de enxergar o que poderia ser feito com Mar-a-Lago para tornar Palm Beach ainda mais atraente, e o conselho municipal finalmente concordou com a transformação de Mar-a-Lago em um clube privado. Seria preciso mais de um parágrafo para descrever esse evento, mas outra razão pela qual obtivemos a aprovação é que Mar-a-Lago estaria aberta a todas as pessoas. Havia alguns clubes em Palm Beach que não tinham entre seus membros judeus ou afro-americanos. Isso era difícil de acreditar, mas era verdade, e eu queria mudar essa situação para sempre. Agora tínhamos não só um bom caso, mas também uma boa causa.

Não é preciso dizer que esse plano fez surgir um novo grupo de inimigos. Eu estava preparado para o ataque. Cada detalhe se transformou em uma batalha durante a época em que estávamos tentando transformar Mar-a-Lago em um clube. Porém, mais uma vez eu sabia que estava fazendo a coisa certa. E, mais uma vez, saí vitorioso. Em 1995, Mar-a-Lago tornou-se um espetacular clube privado. Desde então, as pessoas se referem ao local como "a jóia de Palm Beach" e há razões de sobra para essa denominação.

CONSELHO DE TRUMP

Talvez você pense que me cansei de toda a celeuma que envolveu Mar-a-Lago. É engraçado, mas às vezes a gente descobre que quanto maior a oposição a suas atitudes, mais energia você obtém. Ao encontrar oposição, tente enfrentá-la em vez de jogar a toalha ou ficar indignado. Você descobrirá como, na realidade, é forte e esperto. As atitudes do conselho municipal, combinadas à ultrapassada reação da cidade contra um clube que admitia todas as pessoas, deram-me uma tenacidade inabalável. Repita para você mesmo: estou fazendo a coisa certa e não serei derrotado!

Ao mesmo tempo em que eu lutava para conseguir meu objetivo em relação a Mar-a-Lago, enfrentei também muitas dificuldades, muitos obstáculos e reveses com outros projetos. Comecei a aprender a esperar por problemas. A experiência pode lhe dar uma resistência extremamente valiosa. Quando você chegar nesse ponto, lembre-se: nunca desista! Essas palavras podem levá-lo a lugares maravilhosos, aos lugares que você quiser, e são capazes de mudar as atitudes que devem ser mudadas. Isso é vencer!

ADENDO

A última ameaça a Mar-a-Lago vem do aeroporto. Eles querem construir uma nova pista nas imediações, e isso é um verdadeiro problema. Veja a carta que escrevi ao jornal local. Você precisa continuar lutando:

26 de março de 2007

Mar-a-Lago é um grande marco que seria prejudicado se uma nova pista fosse acrescentada ao Aeroporto Internacional de Palm Beach. A obra destruiria a integridade da propriedade, e o National Trust for Historic Preservation* está de pleno acordo que outra pista seria uma catástrofe.

De igual importância para a cidade e para o governo do estado seria o desperdício de US$1,5 bilhão na construção de uma pista desnecessária. Meus pilotos e outros que estão familiarizados com a aviação e as particularidades dos aeroportos acham que é um gasto inútil, pois a pista hoje existente é adequada e continuará sendo por muitos anos. Eles têm outra área em outro setor do aeroporto que poderia ser utilizada para a construção de uma nova pista, caso fosse realmente necessário, o que não é o caso.

Em resumo, a construção de outra pista seria uma iniciativa prejudicial e antieconômica. Economizem esse dinheiro e deixem Bruce Pelly** seguir sua vida.

Donald J. Trump

Nota da Tradutora: Entidade oficial que preserva monumentos e casas históricas.
**Nota da Tradutora*: Diretor do Aeroporto de Palm Beach.

30

Deixe tudo muito claro logo de início

Às vezes, vale a pena se dar ao trabalho de deixar tudo muito claro logo de início. Quando o *New York Times* publicou uma crítica de um livro que incluía alguns comentários infantis sobre minha pessoa, fui levado a escrever uma carta em resposta. A crítica não merecia uma carta, mas gosto de escrever quando posso colocar as coisas em seus devidos lugares imediatamente ou defender um ponto de vista. O jornal publicou a carta e a revista *New York* classificou-a como "A Melhor Carta do Ano Enviada ao *New York Times Book Review*" (Departamento de Crítica Literária do *New York Times*).

Talvez tenha sido uma carta condescendente, mas as observações do crítico também o foram. Por que eu me dera ao trabalho de escrevê-la? Porque era importante e porque não desisto! A propósito, abaixo segue uma reprodução da carta para futura referência – caso algo parecido aconteça com você. Espero que não, mas caso aconteça, não deixe de tomar alguma atitude. Você poderá ser lembrado por seu esforço, além de colocar as coisas em seus devidos lugares. Mesmo recebendo golpes ou críticas negativas, é possível criar situações em que todos saem ganhando. É dessa forma que você transforma problemas e desafios em sucessos.

"MELHOR CARTA DO ANO ENVIADA AO NEW YORK TIMES BOOK REVIEW"
— *New York Magazine*

Agosto de 2005

Ao editor:

Lembro-me da época em que Tina Brown era encarregada da revista *New Yorker* e um escritor chamado Mark Singer me entrevistou. Ele estava deprimido e me preparei para o pior. Não bastasse Tina Brown arrastar a *New Yorker* para um nível mais baixo, aquele escritor estava se afogando em seu próprio sofrimento – o que apenas serviu para me fazer encarar o resultado do interesse conjunto em mim com ceticismo. Sofrimento gera sofrimento, e eles eram o exemplo perfeito disso.

Jeff MacGregor – editor de *Character Studies: Encounters with the Curiously Obsessed* (Estudos sobre o caráter: encontros com os curiosamente obcecados), coletânea dos perfis de Mark Singer para a revista *New Yorker* – escreve mal. Seu estilo carregado lembra a introdução de um almanaque para alunos do colegial. Talvez ele e Mark Singer "sejam farinha do mesmo saco". Algumas pessoas lançam sombras, e algumas preferem viver sob essas sombras.

Já li John Updike, já li Orhan Pamuk, já li Philip Roth. Quando Mark Singer entrar para essa liga, talvez eu leia um de seus livros. Mas isso vai demorar muito – ele não nasceu com grande talento para escrever. Até lá, talvez ele deva se concentrar em descobrir seu "componente solitário" e então tentar se transformar em um escritor de primeira linha, em vez de ter de escrever sobre pessoas notáveis que, decididamente, estão fora de sua esfera.

    Sou autor de best-sellers há cerca de 20 anos. Goste você ou não, fatos são fatos. O respeitadíssimo Joe Queenan do *New York Times Book Review* disse, em seu artigo de 20 de março de 2005, *Ghosts in the Machine*, que venho produzindo "um fluxo constante de clássicos" com "transparência estilística", e que a "voz" de meus livros permanece perceptivelmente estável no sentido de ser uma "conquista impressionante". Isso é um grande elogio, vindo de um escritor tão competente. Na opinião de fracassados como Jeff MacGregor, a quem não conheço, ou de Mark Singer, eu não me saio assim tão bem. Mas sinto prazer em ler Joe Queenan em vez de Singer ou MacGregor a qualquer hora – o motivo é uma coisa bastante simples chamada talento!

    Não tenho dúvida de que os livros do senhor Singer e do senhor MacGregor são ruins, pois esses autores não têm o estofo necessário. Talvez algum dia nos surpreendam escrevendo alguma coisa digna de nota.

Atenciosamente,

Donald J. Trump
Nova York

31

Desista das pessoas que sempre reclamam

Não concordo que o cliente tem sempre razão e vou dar um bom exemplo.

Há pouco tempo, li que a Sprint-Nextel abriu mão de mais de mil clientes devido aos altos custos de manutenção. Aparentemente, esses clientes recorriam ao serviço de suporte com freqüência excessiva, fazendo o que a empresa considera "solicitações absurdas". Enquanto o assinante médio solicita o serviço de atendimento ao cliente menos de uma vez por mês, esses 1.200 assinantes dos quais a empresa desistiu solicitavam o serviço com uma freqüência 40 ou 50 vezes maior.

Esse excesso de reclamações atingiu um ponto que o negócio deixou de valer a pena. A Sprint diz que eles fizeram o possível para tentar resolver o problema, mas como as reclamações continuaram, ficou claro que eles nunca conseguiriam satisfazer esses clientes.

Sendo assim, a empresa resolveu deixar que eles procurassem outro provedor.

Sei como o pessoal se sente. Tive clientes aos quais dava bastante atenção, e não importa o que eu fizesse, estavam sempre descontentes. Portanto, você deve cuidar de seu negócio e esquecê-los. Não fique se preocupando com quem está sempre reclamando. Essas pessoas jamais se emendarão. Representam encrenca, pura e simplesmente. Não vale a pena.

32

SEJA PACIENTE — TALVEZ VOCÊ TENHA DE ESPERAR 30 ANOS POR UM NEGÓCIO QUE VALHA A PENA

Uma história sobre West Side

Qual é a sensação de se dedicar a um projeto por 30 anos? Em primeiro lugar, talvez isso faça você perceber que as grandes coisas não vêm facilmente. Em segundo, você ficará com uma sensação de realização que ninguém poderá negar, nem mesmo seus mais ferrenhos inimigos. As pessoas com freqüência me perguntam o que me leva adiante. Neste caso, o que me manteve trabalhando em um único empreendimento por três décadas?

Há um famoso musical da Broadway que se transformou em um filme ganhador do Oscar, chamado *West Side Story*. O espetáculo é considerado um clássico. A música, as letras e a história são atemporais. Inclusive, foram precisos dez anos de parceria entre quatro pessoas extremamente talentosas para que o filme fosse realizado. Eu costumava pensar nisso quando es-

Trump Place

tava tentando chegar a algum lugar com o pátio da estação de trens em Nova York, que hoje se transformou no Trump Place. Certo dia me dei conta de que trabalhei no projeto por quase 30 anos, sem nenhum colaborador para me ajudar. Eu estava sozinho naquela empreitada. Acho que mereço um ou dois Tony Awards por isso. Aliás, a história em si já seria merecedora de um prêmio, sem precisar ser floreada ou exagerada para que se tornasse interessante. É a ilustração perfeita para o título deste livro: *nunca desista!*

Esta saga começou em 1974, quando registrei a opção de compra do pátio da estação de trens de West Side, propriedade da Penn Central Railroad. A cidade não estava atravessando uma fase muito boa, e o West Side não era um lugar tão legal como é hoje, deixando muito a desejar, mas era uma propriedade ao longo da margem do Rio Hudson, e eu a estava adquirindo por um preço bastante baixo. Era meu primeiro grande negócio em Manhattan. Durante os cinco anos seguintes, fiquei ocupado com outros projetos, que incluíam a reforma do Commodore/Hyatt, a Trump Tower e o Atlantic City. Ao mesmo tempo, o governo reduziu o subsídio para o tipo de habitação que eu estava considerando para o local. Além disso, enfrentei grande oposição por parte da comunidade de West Side, notória por sua relutância em mudar.

Era uma situação difícil, e eu estava ocupado com outras coisas. Portanto, abri mão de minha opção original em 1979, e a Penn Central vendeu a propriedade para outros. A equipe que a comprou era esperta, mas não tinha muita experiência em Nova York. É preciso um sólido conhecimento sobre zoneamento, que é uma realidade complexa do setor de imóveis nessa cidade. Eles finalmente conseguiram a aprovação de zoneamento de que precisavam, mas erraram ao fazer um número exagerado de concessões desnecessárias para a cidade. Como esse foi apenas um entre muitos outros erros, por fim foram obrigados a vender tudo. Era uma incorporação gigantesca, e eles não estavam preparados para tantos requisitos, tampouco sabiam como promovê-la.

Não fiquei surpreso quando recebi um telefonema, em 1984, informando que eles estavam interessados em vender. Concordei em comprar o negócio por US$100 milhões. Isso era cerca de US$1 milhão por acre para uma propriedade à beira do rio, no centro de Manhattan. Se você considerar que o terreno do Coliseu (hoje o Time Warner Building, em Columbus Circle) – que não fica muito longe do pátio da estação de trens e, em comparação, é muito menor – foi vendido por US$500 milhões pouco depois que comprei o pátio da estação, poderá concluir que foi um estupendo negócio.

Isso ocorreu em 1984, e estamos em 2008. A Trump Tower, um complexo de 16 arranha-céus residenciais com vista para o Rio Hudson, está quase terminada, mas não totalmente. Tem sido uma longa jornada, mas vamos voltar aos acontecimentos.

Cheguei à conclusão de que eu teria de tornar o projeto vantajoso e atraente para a cidade para conseguir a aprovação de zoneamento que pretendia. O que isso significava eu ainda não sabia, mas, por coincidência, logo depois que comprei a estação, a NBC anunciou que pretendia mudar suas instalações para outro endereço. Eles haviam ocupado um espaço no Rockfeller Center durante anos e pensavam em mudar para New Jersey, onde gastariam menos, pois lá os impostos eram mais baixos e os imóveis, mais baratos.

Minha idéia era oferecer à NBC espaço suficiente para que eles pudessem se instalar em West Side. Ao mesmo tempo, eu teria condições de tocar meu projeto residencial conforme planejado. Então descobri que o local era ideal para a instalação de estúdios de televisão e de cinema, independentemente do fato de a NBC estar interessada ou não. Decidi chamar essa parte do projeto de Television City (Cidade da Televisão). Isso atrairia a atenção e, eu esperava, geraria um certo entusiasmo. Planejava construir o prédio mais alto do mundo e divulguei minha intenção para a imprensa. Você pode imaginar o interesse que a notícia despertou.

Exatamente como acontecera antes com Wollman Rink, o prefeito Koch e seus aliados eram contra toda e qualquer idéia minha. As pessoas diziam que eu não estava sendo razoável, mas a controvérsia que provoquei manteve o projeto no noticiário. Faço estardalhaço mesmo, pois promoção funciona. Ajuda a obter resultados. Ajuda a fazer com que o público se interesse pelas coisas que, em última análise, lhe trará benefícios. Contudo, a prefeitura estava obstruindo meu projeto. Koch ainda estava magoado em virtude de meu sucesso com Wollman Rink e com certeza não gostaria de testemunhar outras vitórias minhas.

Digamos apenas que os anos desse período intermediário – de 1984 a 1996 – foram usurpados pelas ridículas palhaçadas da cidade. Eu já havia provado um pouco disso com Wollman Rink. Entretanto, foi durante esse período de 12 anos que minha teimosia foi colocada à prova. Essa era a maior incorporação jamais aprovada pelo comitê de planejamento da cidade de Nova York e o maior projeto jamais empreendido pelo setor privado na cidade. Às vezes eu pensava: será que vale mesmo a pena? E então o desafio em si me empurrava adiante. Quando digo que nunca devemos desistir, isso se aplica a mim também.

Recorri a fatores aparentemente prejudiciais em meu próprio benefício. Por exemplo, no início da década de 90, as coisas não andavam bem na cidade de Nova York, mas isso significava que era mais fácil conseguir a aprovação de zoneamento que eu pretendia. Alguns anos mais tarde comecei a construir dentro de um clima econômico de prosperidade, que é a situação ideal. As coisas começaram a melhorar. Mas nunca foram fáceis. A paciência não é uma de minhas qualidades, mas você pode constatar que, na verdade, ela faz parte de minha existência. Como me mantive firme, finalmente conseguimos as aprovações necessárias e, em 1996, começamos a agir.

Ao longo dos anos, meus planos para aquele local mudaram, e o Trump Place evoluiu para uma fantástica propriedade residencial que trouxe grandes melhorias para West Side. Os 16 arranha-céus são de uma beleza ímpar, e os 10ha do Riverside Park trouxeram muitos benefícios para a comunidade, com suas pistas de ciclismo, áreas para caminhadas, piqueniques e para a prática de esportes, além de um píer. O Trump Place tornou-se um pujante ponto de encontro do bairro, e os apartamentos foram todos vendidos antes mesmo da conclusão da obra. Foi uma provação de 30 anos, mas é uma sensação indescritível ver o resultado final. Penso que o projeto satisfez a todos, exceto talvez ao ex-prefeito Koch. Se você for a Nova York, não deixe de visitar o píer. Quando lá chegar, olhe para o lado oposto, para o impressionante trecho onde foram construídos os prédios ao longo do Rio Hudson. É um cenário deslumbrante.

CONSELHO DE TRUMP

Lembre-se de que vale a pena esperar por certas coisas. Os planos podem mudar, às vezes por bons motivos. Há sempre o outro lado da moeda – esteja preparado para ambos. Prepare-se para esperar. Já aconteceu de você esperar 30 anos por alguma coisa? Não? Então não acho que você tenha motivos para reclamar. Continue trabalhando, continue esperando e, é claro, nunca desista!

33

As quatro etapas de Fred Trump para fazer as coisas acontecerem

Aprendi muito com meu pai. Aprendi sobre competência e eficiência. Um dos melhores conselhos que ele me deu foi sua fórmula favorita para o êxito. Eu a chamo de Fórmula das Quatro Etapas: "Entre na jogada, faça a coisa acontecer, faça bem-feito e saia da jogada." Ao olhar para trás, vejo que aprendi isso também observando meu pai em ação. Essa era a maneira como ele agia, e funcionava.

Algumas pessoas dizem que sou duro, que sou arrogante, que sou muito categórico. Tudo isso é verdade. Para mim, isso é um elogio, pois é dessa forma que consigo realizar tantas coisas. Isso não significa que eu não seja paciente – sou sim, mas quando chega a hora de entrar em ação, o melhor a fazer é entrar em ação. Já vi muitas pessoas esperarem tanto tempo por sua oportunidade de ouro que, quando decidem agir, já é tarde demais.

Vejamos essa fórmula em detalhes:

1. *Entrar é uma forma abreviada de começar.* Se você quiser fazer parte de uma iniciativa, não pode agir como mero espectador. Escolha um objetivo e concentre-se nele. Coloque-o no papel. Hoje existem muitos dados que comprovam que colocar os itens por escrito – mesmo se você for capaz de memorizá-los, como é meu caso, ajuda muito. Na verdade, essa lista deve estar sempre presente em sua mente. Em primeiro lugar, faça uma lista de suas metas diárias; em segundo, de suas metas para o ano e, em seguida, de seus objetivos de vida. Analise essas listas ou pense nelas diariamente – isso o ajudará a manter o foco. Muitas pessoas não se dão conta de que o estresse está diretamente relacionado à perda de foco. Portanto, se você aprender a controlar sua capacidade de manter o foco, estará no caminho para eliminar o estresse de sua vida.
2. *Faça as coisas acontecerem.* Às vezes, falar é fácil. Portanto, fique alerta. Prepare-se para enfrentar problemas. Eles estão à espreita, esperando para serem resolvidos. É incrível como estar preparado ajuda. Você pensará assim: "Isso era de se esperar", em vez de "pobre de mim, veja o que está acontecendo!". Concentre-se em fazer as coisas acontecerem e seus problemas não parecerão nada mais que parte do dia, como o amanhecer ou o entardecer.
3. *Faça bem-feito.* Essa é a etapa que considero – e chamo de – "difícil". Sei o que extraordinário e medíocre significam. Não me dou nada bem com mediocridade. Estabeleci altos padrões para mim e não me satisfaço com nada abaixo de excelente. Essa é a razão pela qual a marca Trump é sinônimo de excelência. Se você tiver um produto ou uma marca, ou uma empresa, é melhor que adote a mesma atitude ou não estará jogando para valer. Foi por meio desse poder de concentração que conquistei o nome que tenho hoje. Sou capaz de fazer as coisas acontecerem e fazer bem-feito. Poucas pessoas podem contestar esse fato, gostem ou não de mim. Sou capaz de fazer com que um projeto se torne realidade, e todos sa-

bem disso. Rocha dura é rocha dura. Busque essa reputação para você mesmo.
4. *Saia da jogada.* Essa abordagem fará com que você esteja pronto para realizar os novos e instigantes projetos que estão esperando por você. Esse é outro exemplo de foco disciplinado. Quando um trabalho está terminado, é hora de você se retirar. Tenho pessoas que poderão tomar conta de meus empreendimentos e não há razão para que eu gaste meu tempo fazendo o que outros podem fazer. Minha tarefa é encontrar novos projetos para que outras pessoas se dediquem a eles. Identifique qual é sua tarefa e canalize suas atividades e sua energia mental para se concentrar nela.

Levando em consideração o escopo de meus negócios e o fato de que estou sempre ativamente envolvido em todos eles, acho que você concorda que aplico a Fórmula das Quatro Etapas diariamente. Todos os dias, essa é a maneira como organizo meus pensamentos e minha rotina. Essa fórmula funcionou para meu pai e funciona para mim. Faça com que funcione para você também!

34

A VIRADA SEMPRE COMEÇA COM PENSAMENTOS POSITIVOS E CRIATIVOS

Cincinnati: 1.200 apartamentos embargados

Eu estava pensando em Norman Vincent Peale, por isso mencionei seu nome em uma de minhas palestras, na qual eu dizia que o pensamento positivo realmente funciona. O dr. Peale escreveu um livro clássico sobre esse tema, chamado *O poder do pensamento positivo*. Eu freqüentava a igreja do dr. Peale em Nova York e há alguns anos assisti a algumas de suas palestras. A lição que tirei de seus ensinamentos foi que o pensamento positivo é o modo de pensar criativo. Você não pode ser positivo a menos que faça também um esforço para pensar de modo criativo sobre uma determinada situação. O dr. Peale era um excelente contador de histórias, e também gosto de contar histórias para ilustrar um fato. Neste capítulo, narro uma história que ilustra como algo que parece uma confusão total pode se transformar em um fato genial, desde que se use uma abordagem positiva e criativa.

Sempre me interessei por embargos e durante meus tempos de faculdade passava longas horas examinando listas de projetos habitacionais financiados pelo governo federal que haviam sido embargados. Foi dessa maneira que descobri o Swifton Village, em Cincinnati, Ohio. Meu pai e eu compramos a propriedade juntos, e ela se tornou meu primeiro grande negócio. Eu ainda estava na faculdade.

O Swifton Village enfrentava grandes problemas. Havia 800 apartamentos vagos (de um total de 1.200), os incorporadores vacilaram e o governo embargou a propriedade. Parecia uma grande confusão, mas interpretei a situação como uma oportunidade. Mesmo o fato de que não existiam outros licitantes não me desanimou. Em geral, é nessas situações que você faz os melhores negócios. Meu pai e eu fizemos uma oferta bastante baixa para o Swifton Village. Dois anos antes, o projeto custara US$12 milhões, e nós o compramos por menos de US$6 milhões. Conseguimos uma hipoteca para o valor pago, mais cerca de US$100 mil, que pretendíamos usar para fazer algumas melhorias na propriedade. Isso significa que conseguimos o projeto sem desembolsar nenhum dinheiro. Também poderíamos cobrir a hipoteca com a receita advinda dos aluguéis.

Nosso primeiro grande desafio era encontrar inquilinos que pagassem o aluguel. Isso talvez soe estranho, mas o complexo tinha a fama de ter "inquilinos fujões". Eles alugavam um trailer, juntavam seus pertences no meio da noite e desapareciam. Esse estratagema havia se tornado uma arte. Cheguei à conclusão de que precisaríamos contratar seguranças que fizessem a ronda 24 horas por dia e foi o que fizemos.

Queríamos também realizar algumas melhorias, pois o local estava bastante abandonado. Considerando o tamanho do complexo, para tanto seriam necessários US$800 mil. Felizmente, para cobrir esses custos, tínhamos permissão de aumentar os aluguéis imediatamente, algo que era mais fácil em Cincinnati do que em Nova York. Algumas dessas melhorias incluíam a substituição das horríveis portas de entrada dos apartamentos, em alumínio, por portas brancas em estilo colonial. Colocamos também persianas brancas em todas as janelas, o que melhora consideravelmente a estética de grandes prédios com tijolos à vista.

Providenciamos a manutenção dos jardins e de toda a área externa, e os apartamentos foram limpos e pintados. A mudança foi impressionante. Quando tudo estava pronto, anunciamos os apartamentos nos jornais de Cincinnati. As pessoas chegavam e ficavam com uma boa impressão. Em menos de um ano, o complexo estava 100% alugado, e parecia excelente. Era um belo lugar para morar.

O próximo desafio crucial quando você tem um complexo dessas proporções é encontrar um administrador. Entrevistamos no mínimo seis ou sete antes de encontrarmos a pessoa adequada para o trabalho. Jamais me esquecerei daquele homem. Ele não era politicamente correto e quando agredido e insultado, revidava na mesma moeda. Era a personificação do vigarista. Conforme viemos a constatar, era um trapaceiro com um histórico com numerosas fraudes e trapaças em benefício próprio. Mas ele trabalhava com rapidez e fazia as coisas acontecerem. Os outros administradores talvez fossem mais honestos, mais amáveis, mas não eram nem de longe tão astutos. Eu sabia que seria preciso ficar de olho naquele cara, mas pelo menos as coisas aconteciam. Ele também sabia como cobrar os aluguéis, o que, em geral, não é uma tarefa prazerosa. Esse predicado também o tornava útil. Não foi uma situação fácil, mas foi uma grande lição sobre a natureza humana e sobre como fazer para considerar as qualificações de alguém sob um olhar positivo e criativo. Aparentemente o cara era um desastre, mas fazia um excelente trabalho.

Como o novo administrador conduzia as coisas em Swifton Village satisfatoriamente, eu não precisava ir a Cincinnati com muita freqüência. Eu sabia que, provavelmente, estava sendo roubado, mas ele mantinha as coisas sob controle e recebia os aluguéis. O projeto era um tremendo sucesso. Alguns anos mais tarde, por ocasião de uma de minhas visitas à propriedade, encontrei-me com um inquilino do qual me tornara amigo. Ele estivera em um campo de concentração na Polônia, por isso eu sabia que era um homem vivido e respeitava a opinião dele. Ele me aconselhou a sair fora do negócio, a vender a propriedade. Era um empreendimento bem-sucedido, todos os apartamentos estavam alugados, por isso perguntei a razão do conselho, e ele disse que não era a propriedade ou a administração, mas a área que estava ficando ruim.

Fiquei alguns dias em Cincinnati para fazer uma checagem e constatei que ele estava certo. A área estava se deteriorando e o mesmo acontecia com os bairros vizinhos. Uma mudança clara estava ocorrendo, e não era na direção certa. Decidi colocar Swifton Village à venda.

A resposta foi rápida e em pouco tempo colhi os frutos de meu primeiro grande negócio. Havíamos comprado a propriedade por US$6 milhões e, poucos anos mais tarde, nós a vendemos por US$12 milhões. É um lucro considerável!

É preciso lembrar que ao chegar naquele lugar miserável, decidi encarar as coisas não só de forma positiva, como também criativa, e veja os resultados dessa atitude. Devemos cultivar essa mentalidade! O pensamento positivo e criativo pode ser uma poderosa fonte de sucesso.

35

Extraia o máximo de cada dia

Quando dei início a meus negócios em Manhattan precisei de coragem, pois estava em um território novo. Esforcei-me muito, estudei e observei o que acontecia, mas estava preparando meu próprio caminho e tinha de demonstrar confiança; do contrário, não conseguiria nada. Cada dia tinha seu significado e cada dia era importante. Aquela era a grande ocasião, e eu sabia disso. Jamais perdi essa noção. Ainda sinto isso todos os dias e creio que essa é uma das razões pelas quais consegui conquistar tudo que tenho hoje.

A confiança pode levá-lo onde você quer chegar. É muito mais fácil realizar seus projetos quando você está contente consigo mesmo, com suas aptidões e seus talentos. É por isso que enfatizo a confiança como uma forma de extrair o máximo de cada dia. Isso é absolutamente essencial, portanto, jamais deixe que alguém abale sua confiança, incluindo você mesmo. Mesmo que você ainda não tenha obtido grande sucesso, não há razão para que não blefe um pouquinho e aja como se isso já tivesse acontecido. A confiança é um chamariz no melhor sentido da palavra – ela atrairá as pessoas em sua direção e tornará seu dia-a-dia, e o delas, muito mais prazeroso.

Aceite as inevitáveis agruras pelas quais você terá de passar para se tornar aquilo que deseja ser ou poderá acabar se transformando em alguém que não gostaria de ser. É como a teoria do eixo em relação à roda – você gostaria de ser o eixo ou a roda? Ser o eixo significa ser mais centrado, ser a parte fundamental; ser a roda significa estar afastado da ação ou da força propulsora. Quando enfatizo a importância do foco é porque essa é uma forma de visualizar uma situação. Focar o centro, o que é realmente importante na vida, pode fazer a diferença entre você ser o eixo ou a roda.

Os negócios são repletos de complexidades. É isso que os torna tão interessantes. Qualquer um que os ache entediantes não refletiu muito sobre o assunto. Os negócios podem ser uma arte e como tal estão em constante evolução e são misteriosos em sua própria essência. Quando escrevi *The Art of the Deal*, na verdade apenas ilustrei esse aspecto dos negócios e não mudei meu modo de pensar a esse respeito. Como um artista, sempre dedico meus melhores esforços ao que estou fazendo. Não existe absolutamente nenhum fingimento nisso.

Se você realmente quer ser bem-sucedido, sua dedicação precisa ser diária, como é meu caso. Fazer as coisas em grande estilo não é para os preguiçosos. Conserve seu vigor mental e mantenha acesa a chama da curiosidade. Em meu entender, as pessoas entediadas igualam-se àquelas sem inteligência. Como você está lendo estas linhas, espero que não faça parte desse infeliz grupo. É melhor que não! Não gosto daqueles que abandonam a luta. Adote e siga o programa – faça isso *todos os dias*. Na verdade, normalmente não sou um cara duro, mas posso ser quando se trata de educação e de usar a cabeça. A ignorância sai mais caro que a educação, e considerando-se o que existe disponível hoje – por exemplo, a Universidade Trump –, um número muito pequeno de pessoas pode dar a ignorância como desculpa.

Foi Thoreau quem escreveu: "Se você construiu castelos no ar, não necessariamente seu trabalho estará perdido; é lá mesmo que eles deveriam estar. Agora trate de colocar os alicerces sob eles." Eu não conseguiria dizer isso de uma forma melhor. Encontre sua visão, ajuste o foco e faça o trabalho. Comece já!

36

Aprenda uma lição com Muhammad Ali e comigo: saiba quando é oportuno se gabar

Barulho versus *conteúdo* versus *química*

Lembro-me da época em que Muhammad Ali se gabava de ser o maior. Ele não disfarçava. Afirmava, em termos absolutos, que era o máximo. Felizmente, ele provou que era ou poderia ter ido à lona como um farsante. Agora que esses dias viraram história, é interessante observar que ele se colocou em uma situação que exigia que provasse isso para si mesmo, e ele o fez. Acho que o lutador estabeleceu o padrão máximo para si mesmo de propósito. Sei que também faço isso.

Muitas vezes ouço falar que ouviram dizer que eu disse que meu próximo projeto será gigantesco e que será um tremendo sucesso. Por quê? Primeiro, porque tenho certeza de que será. Segundo, sei que tenho de viver de acordo com minhas próprias expectativas. Quando você anuncia alguma coisa para o mundo inteiro ficar sabendo, é melhor que esteja certo, pois a cobrança será implacável. Hoje já não preciso me preocupar muito com isso, mas meus padrões são tão altos que dedico a todos os meus projetos os mesmos esforços que dediquei a meu primeiro grande negócio. Além disso, anunciar um novo projeto sempre acelera meu fluxo de adrenalina.

Essas declarações públicas não são bravatas – eu expresso os fatos. A verdade é que meus prédios são os melhores. É por isso que são totalmente vendidos, muitas vezes antes mesmo de serem construídos. Os empreendimentos Trump alcançam preços mais altos por metro quadrado não porque levam uma marca registrada, mas porque levam uma marca de primeira classe. As pessoas sabem o que estão adquirindo. Há grande procura por apartamentos. Por que eu deveria ter falsa modéstia se ela não tem fundamento? O mesmo é válido para você. Se você tem uma coisa da qual deve se orgulhar e pode sustentar as afirmações que faz, vá em frente. Não há razão para ser modesto a respeito de grandes realizações.

Hoje, o marketing exige que você chame a atenção do cliente. Isso pode promover ou quebrar uma empresa. Eu me encarrego da maior parte de minhas relações públicas porque sei como fazer propaganda de minha própria marca. Se você for dono de um produto ou serviço, aprenda a fazer o mesmo. Você economizará tempo e dinheiro. Se você não acreditar em seu produto e não for capaz de promovê-lo, quem o fará? Quando as pessoas dizem "esse não é meu estilo", entendo até certo ponto, mas minha primeira reação é que talvez elas não estejam tão certas da qualidade de seu trabalho.

Conheci um jovem que tinha um histórico admirável, mas que era tão modesto que comecei a acreditar mais em sua atitude do que em suas realizações. Acabei não o contratando, devido ao efeito desanimador de sua postura. Se ele tivesse demonstrado um pouco mais de segurança, eu teria acreditado mais nele. Observe o que eu disse – eu acreditava nele, mas não acreditava nas coisas que ele tinha realizado. Sua atitude obscurecia suas qualificações. Não preciso ouvir alguém contando bravatas para ficar impressionado, mas alguém que destrói as próprias chances me parece um perdedor. Não quero alguém desse tipo em minha equipe.

Quando você for fazer uma entrevista, lembre-se disso. A linha a ser traçada é muito tênue. Você pode estar entrevistando alguém bastante reservado. Lembre-se, isso é uma qualidade. A maioria das pessoas consegue reconhecer conteúdo quando se depara com ele, mas a questão da química não pode ser descartada. O jovem que mencionei se encaixará em algum outro lugar, tenho certeza disso. Lembre-se de que às vezes é apenas uma questão de estar sintonizado na mesma freqüência: aquela velha, porém verdadeira, premissa da química pessoal. É uma dinâmica tácita que mesmo o ruído, ou o conteúdo, não pode invalidar.

37

COMO EU FICARIA DE CABEÇA RASPADA?

Wrestlemania

Ficou claro para mim que disputar uma luta é um grande negócio nos dias de hoje, mas assim como jamais pensei em apresentar o *Saturday Night Live*, jamais pensei em entrar em um ringue e lutar contra Vince McMahon, no *Wrestlemania*. Mas fiz isso. Lembre-se de que jamais devemos *dizer* nunca e jamais devemos *pensar* nunca.

Da mesma forma, nunca pensei que eu faria uma aposta concordando em raspar a cabeça se perdesse. Mas fiz isso. Felizmente não perdi, portanto continuo com meus famosos cabelos, e eles continuam famosos. Eu tinha alguma dúvida de que ganharia? Com certeza. O segredo era permanecer confiante é acreditar que ganharia. Mais de 81 mil pessoas estavam ligadas para ver o que aconteceria.

Essa era uma nova arena para mim. Lutar? Joguei beisebol em meus tempos de faculdade e conheço bastante esse jogo. Mas eu não era especialista em lutas. Isso quer dizer que eu tinha muito a aprender. Gosto de saber o que estou fazendo, e Vince e eu pretendíamos contratar pugilistas para nos representarem no ringue.

Após muita pesquisa e reflexão, escolhi Bobby Lashley e Vince escolheu Umaga, ambos pugilistas de primeira linha. Tivemos uma entrevista coletiva com a imprensa na Trump Tower alguns dias antes da luta, e nessa ocasião as coisas ficaram um pouco difíceis. Vince estava me provocando, por isso ataquei-o, e a próxima coisa de que me lembro é de ver Vince estendido no chão. Meu guarda-costas avançou, nossos pugilistas ficaram alertas, mas reservamos a verdadeira luta para o ringue. Vince e eu éramos amigos, mas essa disputa amigável estava se transformando em outra coisa.

A luta bateu recordes sem precedentes e foi citada em um importante artigo do *New York Times*. Era um grande acontecimento, e a agitação envolvia desde fãs ardorosos que compareceram ao ginásio pessoalmente a milhões de telespectadores que a assistiram pelo *pay-per-view* apenas motivados pela curiosidade. O que Donald Trump estava fazendo agora? Ele se arriscaria a ter a cabeça raspada?

Devo admitir que em alguns momentos me fiz essas mesmas perguntas. O que eu estava fazendo? Por que estava fazendo aquilo? O risco valeria a pena? Havia grande chance de eu ter a cabeça raspada em público, com milhões de pessoas assistindo, algo que, sem dúvida, seria muito divertido (para elas). Mas descobri que eu estava gostando do desafio. Eu não precisaria subir no ringue, mas ainda assim era um confronto. Na verdade, o evento foi rotulado de A Batalha dos Bilionários. Vince McMahon é um bem-sucedido homem de negócios e como é especialista em lutas, eu tinha minhas dúvidas a respeito de minha capacidade de ter escolhido o pugilista certo que me ajudaria a triunfar.

À medida que a agitação aumentava, eu sabia que era um caminho sem volta. Era ganhar ou perder. E eu gostava da sensação que isso provocava – era excitante e percebi que estava curtindo. Você precisa gostar muito do que está fazendo, como eu já disse muitas vezes. Sem dúvida, eu estava adorando a situação toda.

A vitória foi a glória. Não ter a cabeça raspada também foi muito bom, o que significa que às vezes vale a pena correr alguns riscos. Esse foi um dos maiores riscos que corri em público. Valeu a pena? Sem dúvida alguma. Recomendo que você também corra alguns riscos. A vida não é para os tímidos. A vida se resume em nunca desistir. Portanto, entre no ringue!

38

Quando for atacado, revide

Um livro e um processo

Quando você leva 40 anos construindo uma marca mundialmente conhecida e alguém publica um livro que contesta seu valor e denigre sua imagem e sua reputação de forma lastimável, isso se transforma em uma questão muito séria.

Há um escritor que trabalha para o *New York Times* chamado Tim O'Brien que escreveu alguns artigos muito depreciativos a meu respeito. Eu não gostava dele e não o respeitava como escritor porque os fatos que ele apresentava eram incorretos e seus artigos eram tendenciosos. Então ouvi falar que ele estava escrevendo um livro sobre mim – e soube que iria publicá-lo com ou sem minha colaboração –, portanto achei que seria de meu interesse trabalhar em parceria com ele para que os fatos apresentados fossem corretos. Eu já sabia que o cara significava encrenca, mas fui muito cordial e aberto com ele. Concedi-lhe entrevistas e levei-o para viajar comigo em meu jato para facilitar as coisas para ele. Fiz-lhe todas as cortesias possíveis, principalmente no que dizia respeito a tempo.

Então o tal livro, *Trump Nation*, foi publicado, e percebi que há uma diferença entre ser encrenqueiro e ser diabólico. Esse cara era desprezível. Sua intenção era difamar. Nem mesmo sei exatamente sobre o que ele estava falando, pois o que ele escreveu estava a léguas de distância da verdade, mas eu sabia o que ele pretendia com o livro: chamar a atenção e ganhar dinheiro. Mas aquela não era a maneira apropriada de conseguir isso.

Ele contava mentiras deslavadas em seu livro e sua intenção era me prejudicar pessoalmente e a meus negócios. Sua narrativa deixava muito a desejar, e como escritor não tinha lá grande talento. Decidi não deixar por menos, atribuindo aquilo tudo à inveja, à maldade ou à ganância. Em vez disso, abri um processo contra ele e o editor. O escritor obteve a atenção que obviamente estava pretendendo, mas o editor obteve algo que não estava querendo. Eles certamente não sabiam que estavam lidando com um cara que viria a escrever o livro *Nunca desista!* e que realmente estava convicto disso. A conduta do editor não foi muito melhor que a de O'Brien, e eles terão de arcar com as conseqüências.

Há todo tipo de gente no mundo. Conheço excelentes escritores e jornalistas que são honestos e dedicados à sua profissão. Embora esse cara tenha falado mal de mim no passado como repórter do *New York Times*, gosto de dar às pessoas o benefício da dúvida ou no mínimo uma chance. Nesse caso, eu estava lhe dando uma segunda chance, na verdade *mais* que uma segunda chance, considerando os artigos ofensivos que ele já havia escrito sobre mim.

Por exemplo, ele, proposital e conscientemente, subestimou meu patrimônio líquido de bilhões de dólares. Insistia em dizer que minha fortuna era, no máximo, de algumas centenas de milhões de dólares. Mesmo a revista *Forbes* admite que minha fortuna ultrapassa, de longe, essa cifra: US$2,7 bilhões seria uma avaliação conservadora. O'Brien teve acesso a todos os fatos, mas preferiu ignorá-los. Em vez de acreditar nos fatos, ele afirmava que estava se baseando em fontes anônimas para deturpar meus negócios. Portanto, sugeri que a *Forbes* realizasse uma investigação e examinasse tudo meticulosamente. Após a minuciosa análise, eles confirmaram o que haviam descoberto de início: que, numa visão conservadora, meu patrimônio pode ser avaliado em US$2,7 bilhões, e publicaram seus achados. Todo o tempo e esforço despendidos pela equipe da *Forbes* e por meu pessoal foram resultado direto dos erros deliberados do livro *Trump Nation*, arquitetados para prejudicar minha reputação e meus negócios. Em setembro de 2007, a *Forbes* confirmou o valor de US$3 bilhões como o montante de minha fortuna. Esse número ainda está bem abaixo de meu verdadeiro patrimônio líquido, mas é porque eles estão sendo muito conservadores.

Fazendo uma comparação, um jornalista e escritor muito respeitado, Robert Slater, escreveu um livro a meu respeito, *No Such Thing as Overexposure*, que deu um resultado maravilhoso para todo mundo. Na verdade, eu havia sido menos hospitaleiro com Robert do que com Tim O'Brien, mas como Bob é um escritor íntegro, o resultado final foi fabuloso. Bob tinha um currículo invejável, tendo trabalhado tanto para a *Time* como para a *Newsweek* por muitos anos e é hoje um dos grandes biógrafos de empresários do mundo. Ele parece compreender também que relatar os fatos de maneira correta faz parte do trabalho de um jornalista.

De qualquer modo, eu disse ao editor que não tinha nenhum interesse em acertar a questão se não recebesse uma gorda indenização e um claro pedido de desculpas. Não me importo em pagar polpudos honorários advocatícios desde que a verdade prevaleça no final, o que é algo que eles estão evitando. Muitas pessoas talvez digam: Por que se dar ao trabalho? E eu respondo: Por que desistir? Eu não recuo. Não preciso do dinheiro proveniente da ação, caso eu vença. Mas preciso acabar com os mal-entendidos e talvez tornar as coisas mais difíceis para outros escritores indignos que atacam as pessoas pelo simples prazer ou para obter lucros. Eu disse a eles que era um caso judicial pelo qual estou aguardando ansiosamente e essa é a mais pura verdade.

39

Propriedade de primeira linha afunda no Pacífico — e agora?

Trump National Golf Club, em Palos Verdes, Califórnia

Sempre digo que gosto de desafios e quando decidi assumir o comando do campo de golfe Ocean Trails, em Palos Verdes, nas imediações de Los Angeles, que enfrentava dificuldades, foi exatamente o que consegui. Comecei a chamá-lo de Ocean Trails antes de mudar seu nome para Trump National Golf Club, e por uma boa razão. Em artigo da publicação *Fairways and Greens*, eles descreviam o 18º buraco que, a propósito, é aquele que faz um declive em direção ao oceano, como *Ground Zero* (ponto de impacto) mais US$61 milhões. Você acredita que gastei US$61 milhões em um único buraco? Pois bem, acredite. Quando faço alguma coisa, faço bem-feito.

Esse é o buraco mais caro da história do golfe. Espero que sim, pois não posso me imaginar fazendo isso muitas outras vezes. Mas se você enxergas-

Trump National Golf Club

se a situação sob a minha ótica, veria que o negócio justificava cada centavo que gastei. O campo se estende por mais de 3km ao longo do Oceano Pacífico e se iguala ao lendário Pebble Beach, tanto em beleza como em requinte. Tive essa visão antes de ela se tornar realidade, portanto não me importei com a despesa envolvida. Os campos de golfe são verdadeiras obras de arte e merecem esse tipo de atenção.

Como acontece com muitos de meus projetos, durante vários anos fiquei de olho naquele campo. Sabia que ele tinha potencial para se tornar um dos melhores campos de golfe do mundo. Contudo, quando foi inaugurado como Ocean Trails, em 1999, aconteceu uma catástrofe: o 18º buraco deslizou em direção ao oceano, danificando também outros três buracos adjacentes. As linhas d'água, que ficavam debaixo da *fairway*, haviam cedido. Esse era um problema muito sério. Um deslizamento de terra é um pesadelo para uma propriedade suspensa à beira de um penhasco. Principalmente quando ela cobre quase 7ha de terra. De repente, um campo de 18 buracos ficara reduzido a 15 buracos.

Foi um desastre para os proprietários e, em 2002, eles declararam falência. Então entrei em cena e ofereci US$27 milhões, proposta que incluía a terra, o clube e o campo de golfe. Compare esse valor a US$61 milhões por um único buraco. Sem dúvida, foi um bom negócio. Era preciso escolher – eu deveria fazer apenas os consertos necessários porque já era um campo suficientemente bom ou deveria me empenhar para transformá-lo em um dos mais famosos campos de golfe do mundo?

Imagino que você já tenha adivinhado qual foi minha escolha. Não era a mais fácil, mas era a melhor. Eu calculava que para reconstruir o campo todo, inclusive o buraco que havia deslizado, seriam necessários cerca de US$265 milhões. Portanto, como explicar a quantia de US$61 milhões por um único buraco? Bem, a situação envolvia vários aspectos: uma série de muros feitos de rocha lavrada extraída em Palos Verdes a US$600 a tonelada e uma camada estrutural construída sob o buraco que se estende pela encosta abaixo até a praia, o que significa que a cada três metros há uma plataforma de aço – o que proporciona uma estrutura muito resistente. Era um trabalho complexo e árduo.

Confesso que fiquei em dúvida se deveria gastar tanto dinheiro em um único buraco. É um investimento gigantesco, independentemente da fortuna que você tenha. E as dificuldades eram tremendas. O que fiz foi algo que eu sugeriria a você: examinar a solução, não o problema. Concentrei-me no resultado espetacular que poderia ser obtido e a coisa se materializou. Tive momentos de dúvida, quando me perguntava até que ponto minha atitude "pense grande" seria viável diante da situação e até onde poderia me levar. Acho que gosto de histórias de suspense porque provocam exatamente essa sensação.

Um aspecto positivo foi que contratei Pete Dye, um dos expoentes em projetos de campos de golfe, para supervisionar a reforma de Ocean Trails para que este rivalizasse com Pebble Beach. Se havia alguém no setor capaz de fazer isso era Pete Dye. Eu queria fazer daquele campo o melhor, então refizemos completamente o projeto. Ficou novo em folha. Foram construídas cascatas e uma imensa área para treinos. Para que essa área tivesse o espaço adequado, tivemos de eliminar cerca de 30 lotes residenciais. Isso significa aproximadamente US$300 milhões, pois cada lote nos traria cerca de US$10 milhões – portanto, todos esses aspectos tinham de ser levados em consideração. Além disso, tudo era novo, dos *traps* e da areia aos *tees* (dispositivo de madeira ou plástico que sustenta a bola para cada tacada inicial) e *fairways*. Eu queria granito britado para os *bunkers* (bancos de areia). Os custos eram altíssimos, e eu esperava que a compensação também o fosse. Eu estava me divertindo, mas será que todo esse trabalho e despesa valeriam a pena? Será que isso tudo se resumiria apenas em uma grande experiência cujas grandes expectativas não se realizariam?

Devo fazer uma pausa para dizer que nada é garantido. As pessoas vêem minhas realizações e pensam que foi fácil conseguir tudo que tenho. Não foi. Dedico boa parte de meu tempo avaliando, reavaliando, analisando e esmiuçando as coisas. As pessoas não me vêem fazendo isso. Outra coisa importante a considerar é a experiência – sou um incorporador de longa data, portanto estou habituado a tomar numerosas decisões, e hoje elas não exigem de mim um grande esforço mental. Sou rápido em agir depois que elaborei mentalmente o trabalho básico. Contudo, os planos têm de estar bem ordenados. Certifique-se de que você tem sólida qualificação e experiência em qualquer coisa que decida empreender e então poderá agir com firmeza e criatividade.

Havia numerosos detalhes a considerar, além da reconstrução do campo de golfe propriamente dito. Entre eles, os mais de 3.700m² do clube, cujo restaurante ganhou o Golden Scepter Award (prêmio de melhor restaurante recém-inaugurado) e o Golden Bacchus Award (por sua carta de vinhos). O campo em si se tornou o melhor campo de golfe da Califórnia, e o evento Michael Douglas & Friends Pro-Celebrity é realizado lá todos os anos, no mês de abril. O Trump National Golf Club de Los Angeles tornou-se um estrondoso sucesso em todos os níveis. Poderia até mesmo ser chamado de vitória esmagadora. Mas meu momento "nunca desista" veio quando, com minha convicção de longa data sobre o potencial da propriedade, presenciei aquele deslizamento terrível e quis fazer algo grandioso a respeito. Pensar grande? Que idéia magnífica!

40

ADOTE UMA VISÃO INTERNACIONAL

Você já me ouviu enfatizar a importância de se manter informado sobre os eventos internacionais e isso inclui notícias políticas e financeiras. Gostaria de lhe recomendar um livro publicado em 2007 que reafirma a importância de analisar as questões sob um ponto de vista internacional. O nome é *Microtrends: The Small Forces Behind Tomorrow's Big Changes*, escrito por Mark J. Penn, analista altamente respeitado que trabalha como consultor de inúmeras corporações da lista *Fortune 500* e para muitos chefes de Estado estrangeiros. Ele é muito perspicaz em relação às tendências nacionais e internacionais e aos eventos que moldam nosso futuro. Bill Gates declarou: "Penn é dono de uma mente aguçada e um incrível senso daquilo que faz funcionar os Estados Unidos e o mundo, e você pode perceber isso em cada página de seu livro."

O livro de Penn tem um capítulo sobre compradores internacionais de casas. Como opero no setor imobiliário, senti grande interesse pelo que ele tinha a dizer. Com sagacidade, Penn salienta que a posse de propriedades residenciais por estrangeiros é uma das tendências do momento nos

Estados Unidos. A globalização derrubou as barreiras que antes separavam os mercados nacionais dos internacionais, e um dos resultados é que estrangeiros abastados sentiram-se atraídos pelo setor imobiliário norte-americano. Eis o que ele salienta e que há muito eu já havia percebido:

> Em Nova York, Donald Trump tem sido um elemento de grande importância na abertura da cidade para estrangeiros. A maioria das construções da cidade de Nova York resultou de empreendimentos conjuntos e como esses parceiros podem rejeitar qualquer oferta pelas mais diversas razões, eles analisaram com muito cuidado a ausência de compradores estrangeiros. Mas Trump construiu condomínios e as vendas desse tipo de imóvel não estão sujeitas a um grande número de regulamentos porque oferecem apartamentos independentes, que não fazem parte de uma corporação. Agora que muitos prédios se transformaram em condomínios, há grande afluência de compradores estrangeiros.

O aspecto importante a ser considerado é que cada vez mais as economias mundiais estão se tornando interdependentes. Ninguém pode se dar ao luxo de permanecer isolado. Durante muitos anos os americanos tiveram uma segunda casa em países estrangeiros e hoje, conforme salienta Penn, essa tendência atingiu nossa área. Isso não é nenhuma novidade, mas é algo relativamente novo para nós. Creio que é um precursor das coisas que virão e, anos atrás, quando comecei a lidar com condomínios, eu sabia que era o momento oportuno.

Acontece que sempre me mantive informado sobre os acontecimentos mundiais, e não tive dificuldade em ver que essa tendência estava se aproximando. Não sou nenhum vidente, apenas procuro me manter bem informado. E você pode e deve fazer o mesmo. Procure participar de eventos internacionais, cultive o hábito da leitura e antecipe os acontecimentos. Atualizar-se pode exigir muito tempo, mas ter uma visão do futuro pode justamente poupar muito tempo. Mantenha o foco e você sairá na dianteira.

41

ONDE OUTROS FRACASSAM – ALI ESTÁ SUA OPORTUNIDADE

Uma história de Wall Street

De vez em quando me perguntam quais foram meus negócios favoritos. Eu poderia citar vários, mas há algo a respeito da aquisição do prédio localizado no número 40 da Wall Street que sempre a distinguirá das demais. Não em virtude da localização – o prédio fica no distrito financeiro de Manhattan –, mas por causa de minha percepção quase sobrenatural no sentido de escolher o momento certo, como se fosse obra do destino. Isso não significa que tenha sido fácil ou um simples ato de coragem, pois não foi, mas gosto de me valer desse exemplo para explicar às pessoas como as dificuldades e os desafios podem acrescentar outra dimensão à vida – nesse caso, uma dimensão positiva.

Além de ser o edifício mais alto da baixa Manhattan, é um importante marco que cobre quase 400.000m². Eu o adquiri por US$1 milhão. Mesmo as pessoas que não estão muito familiarizadas com o setor imobiliário ficariam impressionadas com essa quantia. Vou lhes fornecer algumas informações sobre o local porque se trata de uma história muito interessante. Ilustra também o mito do que chamamos de "sucesso da noite para o dia".

Wall Street, 40

Eu estava de olho naquele prédio havia décadas e sabia muita coisa a respeito dele antes de dar o primeiro passo.

No decorrer das décadas de 60 e 70, o edifício da Wall Street, 40 esteve totalmente ocupado e era, na verdade, um imóvel bastante valorizado.

Contudo, no início da década de 80, foi adquirido por Ferdinand Marcos, o ex-ditador das Filipinas. Infelizmente, a revolução nas Filipinas exigia sua atenção integral, e o arranha-céu em Wall Street foi negligenciado, entrando em decadência. As negociações se tornaram caóticas e em pouco tempo a coisa degringolou. Marcos não se envolveu no problema.

Então os Resnicks, destacada família dona de muitos imóveis, interessaram-se pelo prédio da Wall Street, 40, mas após um longo período de negociações ficou claro que os Resnicks e seu parceiro, o Citibank, não conseguiriam concretizar o negócio. O prédio foi novamente colocado à venda. Naquela ocasião, eu queria muito fazer uma oferta, mas estávamos em 1990 e eu não tinha condições de dar esse passo. O mercado estava péssimo e minha própria situação financeira era terrível. Lembro-me de ter pensado que adoraria ser dono daquele prédio, mas achava que era um sonho impossível. Essa é uma boa lição para aqueles que também já pensaram assim. Quando eu estava prestes a desistir de meu sonho, aconteceu uma coisa.

Foi divulgado que a Kinson Company, um grupo de Hong Kong, estava comprando o prédio da Wall Street, 40. Eles fizeram um grande negócio. Depois que a compra foi finalizada, liguei para eles e disse que eu gostaria de propor uma possível parceria. Conforme fui informado, eles não estavam interessados em nenhuma parceria, mas em transformar o prédio da Wall Street, 40, no equivalente à Trump Tower na região central da cidade. Parece que eles nunca pensaram sobre o que fariam com as colunas de aço que sustentavam os 72 andares do edifício. Fiquei estarrecido. Mas isso também me deu alguma esperança – obviamente eles não sabiam o que estavam fazendo. Por quanto tempo eles conseguiriam manter um prédio que estava se deteriorando sob todos os aspectos possíveis e imagináveis?

Ficou comprovado que o Grupo Kinson não tinha idéia de como reformar, administrar e alugar um arranha-céu na cidade de Nova York. Para começo de conversa, eles não eram do ramo imobiliário, eram do ramo de confecções. O grupo começou a injetar dezenas de milhões de dólares no prédio, sem chegar a lugar algum. Tinham problemas com inquilinos, empreiteiros, fornecedores, arquitetos, até mesmo com os proprietários do terreno sobre o qual o prédio fora construído, a família Hinneberg. Por fim, decidiram cair fora e me chamaram. Fiquei muito entusiasmado.

Três anos lidando com uma situação que não lhes era familiar haviam gerado grande estresse. Estávamos em 1995, e o mercado ainda não tinha se recuperado. O Grupo Kinson tinha todas as razões para querer cair fora, e eles queriam fazer isso de maneira rápida e com o menor, estardalhaço possível. Eu estava em uma posição privilegiada em virtude da aflição deles, e demos início às negociações. Fiz uma oferta de US$1 milhão, além de me comprometer a assumir e negociar as dívidas. Além disso, a negociação incluía a assinatura de um contrato de arrendamento da terra, a ser firmado com a família Hinneberg.

Eles aceitaram minhas condições sem discutir – obviamente queriam se desvencilhar rapidamente do negócio. Por mais triste que a história seja, condiz com o que ocorre no setor imobiliário de Nova York – se você não sabe o que está fazendo, não conseguirá se sair bem. Eis outra lição a ser lembrada: saiba no que está se metendo – é preciso empreender as devidas verificações da veracidade dos dados, principalmente se você estiver entrando em um campo que desconhece.

Meu próximo passo foi telefonar para o próprio Walter Hinneberg, na Alemanha, e, em seguida, voar para me encontrar com ele. Eu me dei muito bem com os Hinnebergs, e eles puderam constatar que depois de uma série de fracassados que haviam sido proprietários do prédio, eu tinha a integridade de sua espetacular fortuna como minha primeira e maior preocupação. Eles sabiam que eu gostava muito do prédio e que faria o possível para recuperar sua natural grandiosidade. Elaboramos um novo tipo de arrendamento da terra sobre a qual o prédio estava assentado, estendendo o prazo para mais de 200 anos, e o contrato foi modernizado, o que satisfez aos interesses de todos. Contudo, lembre-se sempre do seguinte: foi preciso percorrer um longo caminho para chegar a esse ponto. Não aconteceu da noite para o dia. Fui persistente e fiquei de olho naquele imóvel durante muitos anos.

Depois de tudo isso, a questão era o que fazer com o prédio. Todas as pessoas que tinham uma opinião abalizada sobre o assunto aconselharam-me a transformá-lo em um prédio residencial. Contudo, no íntimo eu sabia que queria mantê-lo como um grande endereço comercial, pois Wall Street *é* um centro de negócios e, portanto, recusei-me a ceder. O tempo mostrou que tomei a decisão certa – é um prédio próspero e muito procurado, e muitas empresas internacionais de primeira linha operam naquele espaço.

Além disso, pouco depois de eu adquirir o imóvel, o mercado imobiliário mudou para melhor, e a área central da cidade experimentou um renascimento, no que diz respeito a imóveis comerciais e residenciais, bem como em termos de novos empreendimentos. A ocasião não poderia ter sido melhor. Não acredito em milagres, mas esse passou perto!

Recebo aproximadamente US$20 milhões por ano em aluguéis do prédio da Wall Street, 40, e hoje o valor do imóvel está calculado em US$500 milhões. Nada mal para um investimento de US$1 milhão! Assim, além de ser dono do prédio mais bonito da baixa Manhattan, ainda ganho dinheiro com ele. Você já esteve no Trump Building, na Wall Street, 40? Se já esteve, sabe por que me sinto tão orgulhoso. Não existe nada como Wall Street e não existe nada tão belo como esse prédio.

CONSELHO DE TRUMP

Nada é fácil. Às vezes você precisa ser obstinado e, ao mesmo tempo, paciente.

Saiba reconhecer uma oportunidade – ela sempre está escondida atrás de problemas, feiúra e fracasso, particularmente o fracasso dos outros. Todos os desafios ou obstáculos com os quais você se depara são apenas uma oportunidade disfarçada. Pense grande, pense de forma criativa e terá a confirmação disso.

E não menospreze seus instintos – eles têm razão de ser.

APÊNDICE A

*A lista dos 10 pontos cruciais
de Trump para o sucesso*

Se você já me ouviu falar, provavelmente percebeu que sempre dou ênfase a determinadas coisas – nunca desista é uma delas. Mantenha a chama do entusiasmo é outra. Mantenha o foco é outra ainda. E nunca perca o pique talvez seja a quarta. Aprendi essas coisas por experiência própria.

Eis os 10 pontos cruciais que apresento quando faço palestras em universidades:

1. *Nunca desista!* Não decida permanecer em sua zona de conforto. Cultivar a complacência é uma boa forma de não chegar a lugar algum.
2. *Seja um apaixonado!* Se você gosta muito do que faz, suas atribuições nunca parecerão um trabalho.
3. *Mantenha o foco!* Pergunte a si mesmo: Em que eu deveria estar pensando neste exato momento? Afaste as interferências. Nesta era em que as pessoas assumem numerosas atribuições, é muito importante dominar essa técnica.

4. *Nunca perca o pique!* Preste atenção, empenhe-se e siga em frente. Não deixe as coisas para depois.
5. *Considere-se um vencedor!* Isso fará com que você se mantenha na direção certa.
6. *Seja obstinado!* A obstinação pode fazer milagres.
7. *Tenha sorte!* O velho ditado "quanto mais trabalho, mais sorte tenho" é absolutamente verdadeiro.
8. *Acredite em si mesmo!* Se você não fizer isso, ninguém mais o fará. Pense em si mesmo como um exército de um homem só.
9. *Pergunte a si mesmo: O que estou fazendo questão de não ver?* Talvez existam algumas grandes oportunidades bem debaixo de seu nariz, embora as coisas não pareçam muito boas. Uma grande adversidade pode se transformar em uma grande vitória.
10. *Concentre-se na solução, não no problema.* E nunca desista! Nunca, jamais, não desista de modo algum! Esse conceito merece ser dito, repetido e aplicado muitas vezes. É de extrema importância. Boa sorte!

APÊNDICE B

As regras de negociação de Trump

Negociar é uma arte. Existem nuances, técnicas e regras harmoniosas que precisamos conhecer. Eis algumas:

- *Saiba o que está fazendo.* Parece simples, mas já vivenciei uma série de situações em que fiquei pasmo ao constatar quão pouco o outro lado sabia. Sabia de cara como daria uma tacada certeira, baseado apenas na aparente falta de preparo do outro. Meu pai costumava me aconselhar: "Procure saber tudo que puder sobre o que você está fazendo." Ele estava absolutamente certo, e estou dando o mesmo conselho a você. Siga-o.

- *Lembre-se, é preciso ser muito esperto para se fazer de desentendido.* Essa é uma boa forma de descobrir até que ponto chega a ignorância dos parceiros com os quais você está negociando. É também uma boa forma de descobrir se eles o estão intimidando.

- *Desestabilize o oponente.* O que eles ignoram não o prejudicará, e isso talvez o ajude ao longo do caminho. Conhecimento significa poder, portanto guarde para você o máximo que puder.

- *Confie em seus instintos.* Existem muitas situações numa negociação em que nem tudo é preto ou branco, portanto "confie em seu taco". Além disso, empenhe-se bastante e tomará a dianteira do jogo.

- *Não se limite às expectativas.* Não existem regras exatas, e às vezes mudo de rumo no meio das negociações quando algo novo me ocorre. Mantenha-se flexível e aberto a novas idéias, mesmo quando você acha que sabe exatamente o que quer. Essa atitude me proporcionou oportunidades nas quais eu jamais teria pensado antes.

- *Saiba quando dizer não.* Hoje isso se tornou natural para mim, mas acho que todo mundo sabe quando esse alerta deixa de tocar dentro de nós. Preste atenção aos sinais.

- *Seja paciente.* Esperei por alguns negócios durante décadas, e valeu a pena. Mas, acima de tudo, certifique-se de que a espera vai valer a pena.

- *Para acelerar as negociações, aparente indiferença.* Dessa forma você descobrirá se o outro lado está ansioso para prosseguir.

- *Lembre-se de que nas melhores negociações todos saem ganhando.* Essa é a situação ideal pela qual devemos nos empenhar. Além disso, estará preparando o caminho para negociações futuras com pessoas cuja integridade você conhece.

Em resumo, posso dizer que negociar é uma arte. Todas as artes exigem disciplina, técnica e uma boa dose de imaginação acima da média. Não seja um negociador comum quando você pode ser um negociador extraordinário. Dedique tempo a essa arte e ela poderá lhe trazer enormes recompensas.

ÍNDICE

A
Aberdeen, projeto do clube de golfe na Escócia, 37-41
Ação judicial por causa do *Trump Nation*, 140-141
aceitando com calma, 94-97
Adversidade, 1-4, 6
Ali, Muhammad, 134
Alívio do estresse, 106-107
America We Deserve, The (Trump), 23
Amtrak, 65-66
Anderson, Joel, 37-83
Apartamentos, vendidos antes da conclusão da obra, 129-131
Aprendiz, O:
   demitindo pessoas, 35
   edição das cenas da sala de reuniões, 89
   humor e, 83
   o mais surpreendente sobre, 35
   processo de seleção, 49-50
   sucesso de, 9-11
Apresentação marcada em Dayton, Ohio, 94-95
Arredores de Grand Central Station, 56-61
Art of the Deal, The (Trump), 83, 133
Aspereza, 89
Assumindo riscos, 9-11, 76-81
Atividades filantrópicas, 20-26, 35
Autoconfiança, 7, 132-136

B
Baile Anual da Cruz Vermelha, 24
Bairro do SoHo, 17-22
Bandeira, americana, 92-93
Bandreau, Brian, 102
Bayrock Group, 17, 21
Black, Conrad, 15
Bonwit Teller, 30
Branson, Richard, 66
Brown, Tina, 116
Burnett, Mark, 9-10, 83

C
Cágado, 55
Campo de Golfe de West Palm Beach 52-55
Campo de Golfe Ocean Trails, 142, 143-144
Campos de golfe:
   Escócia, 37-41
   Los Angeles, 92, 142-145
   West Palm Beach, 52-55
Canal do Panamá, 102
Capuchin Food Pantries Ministry, 25
Carta para o *New York Times*, 115-117
Carter, Jimmy, 110
Castro, Bernadette, 90
Catástrofes *versus* contratempos: 12-16
Central Park, 8
Character Studies (Singer), 116
Chicago Sun-Times, 12, 15
Churchill, Winston, 35, 50

Cidade de Nova York:
  Department of Buildings, 19, 21
  Comitê de planejamento, 123
  Compradores estrangeiros de imóveis, 147
  Hyatt na Grand Central, 56-61
  Projeto Jones Beach, 90-91
  40 Wall Street, 148-152
  Trump International Hotel & Tower, 44-48
  Trump Place, 120-124
  Trump SoHo, 17-22
  Trump Tower, 27-31
  Wollman Rink, 8, 71-75
Citibank, 150
Clientes, com muitas reclamações, 118-119
Comercial para Visa, 83
Complacência, 98-103
Compradores estrangeiros de imóveis, 146-147
Comunidade, fazendo algo pela, 90-91
Concerto de setembro, 24
Concurso de Miss Universo, 9, 101
Condomínios, 17-22, 44-48, 147
Confiança, 7, 132-136, 154
Conformando-se, 104-105
Conhecimento, 155
Conselho:
  contrariando o, 9-11
  o melhor, 36
  para empreendedores, 34
Contratempos:
Coragem, 49-51
Costas Kondylis & Associates, 48
Cruzeiro, inesperado, 105
Curiosidade, 62-63

D
Definindo recordes sem precedentes, 115-117, 139-141
Delta Airlines, 65
Demitindo pessoas, 35
Descoberta, cultivando o senso de, 62-63
Direitos de sobreelevação, 18-19, 29
Disciplina, 32, 33
Diversão nos negócios, 82-83
Doodle for Hunger, 24
Dúvidas, lidando com as, 76-81
Dye, Pete, 144

E
Eastern Airlines, 65
Educação, 133
Einstein, Albert, 51
Emerson, Ralph Waldo, 62
Empreendedores, conselho para, 33

Entrevistas, 135-136
Erros, repetindo, 32
Ertegun, Abmet, 102
Escapadas em fins de semana, 35
Exército da Salvação, 24

F
Fairways and Greens, 142
Falar em público:
  contratempos, 94-97
  Dayton, Ohio, 94-96
  desenvolvendo habilidades para, 50-51
  Las Vegas, 94-97
  medo de, 50
Família Resnick, 150
Fazer-se de desentendido, 155
Fazio, Jim, 52-53, 54, 55
Férias, 34-35
Fey, Tina, 77
Flexibilidade na negociação, 156
Foco:
  importância do, 133, 153
  melhorando o, 126-127
  poder do, 88-89
Forbes, 140, 141
Fórmula das Quatro Etapas, 125-127
Fotos de família e realizações, 107
Fracasso:
  como oportunidade, 148-152
  medo do, 34, 76-81
  natureza temporária do, 5-7
Frey, Dale, 46
Fundação Post, 110

G
Gabando-se, 134-136
Gates, Bill, 146
Geladeiras, 69-70
General Electric, 46
Genesco, 30
Geomorfologia, 38-41
Gerentes de projetos, 130
Ghosts in the Machine (Queenan), 117
Goldstein, Patricia, 150
Golfe clube de Los Angeles, 92, 142-145
Golfe, para relaxar, 35, 106
Greenwich Village Society for Historical Preservation, 19-20
Guinada financeira, 1-4, 6
Guinness Book of World Records, 1, 4

H
Hábitos alimentares, 33

Hammond, Darrell, 77-78
Hanigan, Jack, 31
Hawtree, Martin, 41
Hemingway, Ernest, 49
Hinneberg, Walter, 151
Hotéis:
    Hyatt na Grand Central, 56-61
    Palm Trump International Hotel &
        Tower, 84-87
    Trump International Hotel &
        Tower/Chicago, 12-16
    Trump International Hotel & Tower/Las
        Vegas, 102, 103
    Trump International Hotel &
        Tower/Nova York, 44-48
    Trump Ocean Club, 101, 102
    Trump SoHo, 17-22
Hotel Commodore, 56-61
Hoving, Walter, 29, 30
Humor, senso de, 82-83
Hyatt na Grand Central, 56-61

I
Idéias, inspiração para, 34
Ignorância, 133
Imóveis. *Veja também projetos específicos*
    comerciais, 148-152
    de propriedade estrangeira, 146-147
    desenvolvendo projetos de, 98-103
    líderes do setor de, 33
Indiferença, nas negociações, 156
Instintos, 9-11, 118

J
JetBlue, 64
Johnson, Philip, 48
Júlio César (Shakespeare), 43

K
Kandell, Leonard, 29-30
Kelly, Veronica, 24
Kinson Company, 150-151
Koch, Ed, 72, 123, 124

L
Las Vegas:
    apresentação marcada em, 96-97
    Trump International Hotel & Tower,
        102, 103
Lashley, Bobby, 138
Lei Wicks, 74
Lição de casa, fazendo a, 32-33
Líderes, características dos, 32, 33

Lincoln, Abraham, 33, 49
Listas de objetivos, 126
Lutar:
    formar parceiras em vez de, 37-41
    pelos seus direitos, 17-22
    revidando um ataque, 139-141

M
MacGregor, Jeff, 116, 117
Mar-a-Lago Club;
    Baile Anual da Cruz Vermelha, 24
    bandeira americana, 93
    compra e reforma do, 108-114
    escapadas em fins de semana, 34-35
    inauguração do, 113
Marcos, Ferdinand, 150
McMahon, Vince, 137, 138
Mediocridade, 126-127
Medo:
    dominando o, 49-51
    de falar em público, 50
    do fracasso, 34, 76-81
Medo do palco, 50
Menie Estate, 37, 39
Menie House, 37, 39
Mercados emergentes, 68-70
Merrill, Dina, 110
Michaels, Lorne, 77
Microtrends (Penn), 146-147
Modéstia, falsa, 135
Moonves, Les, 8
Morte de, Marjorie Post, 110
Moses, Robert, 28, 30, 90, 91
Mundo como um mercado emergente, 68-70

N
Nakheel, 84
Não, saber quando dizer, 156
National Trust for Historic Preservation, 114
NBC, 9, 123, *Veja também* Aprendiz, O
Negociação, 155-156
Negociações em que todos saem ganhando, 156
Negócios:
    como arte, 133
    têm a ver com conhecimento do mundo,
        68-70
New York Times Book Review, 115-117
New York Times:
    carta de Trump para, 115-117
    sobre a Lei Wicks, 75
    sobre o evento de luta livre, 138
    sobre Trump Tower, 31
    sobre Trump, 2, 66, 139, 140

New Yorker, 116
No Such Thing as Overexposure (Slater), 141

O
O'Brien, Tim, 139-141
Objetivos, 126
11 de setembro de 2001, ataques de, 23-24
Oportunidades:
    a partir do fracasso dos outros, 148-152
    problemas como, 3, 51, 56-61
Orgulho, engolindo o, 44-48

P
Paciência, 120-124, 156
Padrões, elevados, 126-127
Paixão, 52-55, 153
Palm Beach. *Veja também* Mar-a-Lago Club
    Aeroporto Internacional de Palm Beach, 114
    governo, 112
    Trump Internacional Golf Club, 52-55
    Trump International Hotel & Tower, 84-87
Palos Verdes Golf Club, 92
Pan Am Shuttle, 65
Parcerias, 37-41
Peale, Norman Vincent, 128-129
Pelly, Bruce, 114
Penn Central Railroad, 57, 58, 121, 122
Penn, Mark J., 146-147
Pensamento:
    internacional, 146-147
    positivo, 3-4, 106, 128-131
Perguntas:
    fazendo, 62-63
    freqüentes, 32-36
Poder do Pensamento Positivo, O (Peale), 128
Post, Marjorie Merriweather, 108-110
Prédio da Gulf & Western/Paramount, 46.
    Veja também Trump International Hotel
    & Tower/Nova York
Prejuízos, cortando os, 64-67
Preocupações ambientais, 39-41
Preparação:
    para negociações, 155
    para o sucesso, 32-33
    para problemas, 27-31, 126
Pressão, lidando com a, 4
Pritzker, Jay, 59
Problema no guarda-roupa, 96
Problemas
    enfocando a solução dos, 3, 88-89, 154
    preparando-se para, 27-31, 126
    como oportunidades disfarçadas, 3, 51, 56-61

Problemas de trânsito, 104-105
Projeto de apartamentos em Cincinnati, 129-131
Projeto de clube de golfe na Escócia, 37-41
Projeto de hotel em Chicago, 12-16
Projeto de hotel em Dubai, 84-87
Projeto de hotel na cidade do Panamá, 102
Projeto de hotel nos Emirados Árabes Unidos, 84-87
Projeto de restaurante, 90-91
Projeto em Istambul, 102
Projeto Jones Beach, 90-91
Projeto Long Island, 90
Projetos de imóveis internacionais, 98-99, 100, 102
Projetos do Trump International Hotel & Tower, 99-100

Q
40 Wall Street, 148-152
Queenan, Joe, 116-117
Questionamentos, 62-63
Química, pessoal, 136

R
Reclamações, 42-43, 118-119
Recomeçar, 84-87
Recorde, sem precedentes, 115-117, 139-141
Relações públicas, 135
Relaxar, 106-107
Responsabilidade, assumindo a, 42-43
Restaurante Boardwalk, 91
Retribuindo, 23-26, 35
Revista *New York*, 115, 116
Rio de Chicago, 14
Risadas, 82-83
Ross, George, 60

S
Samuels, Dorothy, 75
Sapir Organization, 17
Saturday Night Live, 76-81
Schwarz, Julius, 21
Scottish National Heritage Organization, 38, 40
Scutt, Der, 58
Setor de linhas companhias aéreas, 64-67
Shakespeare, William, 43
Singer, Mark, 116, 117
Skidmore, Owings & Merrill, 14, 15
Slater, Robert (Bob), 141
Smith, Haruko, 24
Sociedade para Preservação das Relíquias de Long Island, 90

Solução, foco na, 3, 88-89, 154
Sorial, George, 40
Sorte, 34, 42-43, 154
Sprint-Nextel, 118
State Theater no Lincoln Center, 48
Sucesso:
    10 pontos cruciais para o, 153-154
    falta de, 34
    preparando-se para o, 32-33
Survivor, 8
Swifton Village, 129-131

T
Tecnologia, como ela impulsiona os negócios no mundo todo, 69-70
Television City, 123
Teoria do eixo em relação à roda, 133
Terreno do Coliseu, 122
Thoreau, Henry David, 133
Tiffany and Company, 29, 30
Time Warner Building, 122
Torrijo, Martin, 102
Totalidade, 5-7
Trump Building, 148-152
Trump Internacional Golf Club Links, 37-41
Trump Internacional Golf Club, 52-55
Trump International Hotel & Tower/Chicago, 12-16
Trump International Hotel & Tower/Las Vegas, 102, 103
Trump International Hotel & Tower/Nova York, 44-48
Trump Nacional Golf Club/Los Angeles, 92, 142-145
Trump Nation (O'Brien), 139-141
Trump Ocean Club, 102
Trump Organization:
    eventos filantrópicos, 24-25
    projetos imobiliários em desenvolvimento, 98-103
Trump Place, 120-124
Trump Shuttle, 64-67
Trump SoHo, 17-22
Trump Tower, 24, 27-31
Trump, Don, Jr., 21, 98-99, 102
Trump, Donald J.:
    ambições da infância, 34
    atividades filantrópicas, 23-26, 35
    carta para o *New York Times*, 115-117
    comercial para Visa, 83
    conselho, o melhor, 35

descoberta, senso de, 62-63
felicidade, fontes de, 35
férias, 34-35
filme, favorito, 35
guinada financeira, 1-4, 6
hábitos alimentares, 33
inspiração para idéias, 34
instintos, 9-11
matéria favorita na escola, 35-36
medo do fracasso, 34, 76-81
objetivo em imóveis, 35
perguntas freqüentes,
regras de negociação de, 155-156
sobremesa, favorita, 33
sucesso, 10 pontos cruciais para o, 153-154
tempo de ascensão, 36
Trump, Eric, 24, 98-99, 102
Trump, Fred C.:
    como exemplo, 34
    Fórmula das Quatro Etapas, 125-127
    no Commodore Hotel, 57
    sobre conhecimento, 155
    Swifton Village, 129-131
Trump, Ivanka, 21, 98-99, 102
Trump, Mary, 37, 41
Trump, Melania, 95

U
Umaga, 138
US Airways, 66

V
Virgin Air, 66
Visão, 33, 68-70, 154

W
Wall Street Journal, 2, 66
West Side Story, 120
Wollman Rink, 8-9, 71-75, 123
Wrestlemania, 137-138

Y
Yazbeck, Sean, 21

Z
Zoneamento:
    Mar-a-Lago, 111, 112
    Trump Place, 122-124
    Trump SoHo, 17, 19, 21
    Trump Tower, 29-30
Zucker, Jeff, 76

CONHEÇA TAMBÉM:

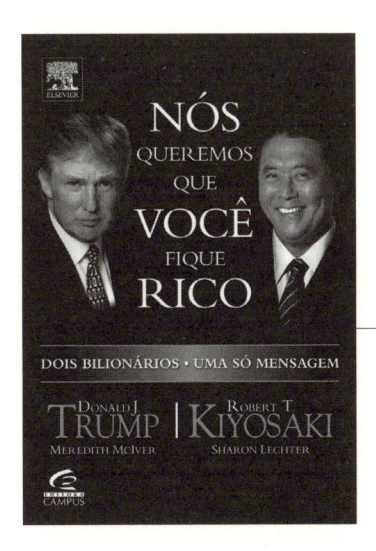

O mundo está enfrentando vários desafios e um deles é o financeiro. Em tempos de incerteza econômica, esses dois titãs dos negócios, Trump e Kiyosaki, resolveram unir forças para ressaltar a necessidade premente da educação financeira.

NÓS QUEREMOS QUE VOCÊ FIQUE RICO

ISBN: 978-85-352-2372-9
PÁGINAS: 352

Primeiro, Donald Trump ganhou $5 bilhões de dólares. Depois, fez um programa de televisão ("O Aprendiz"). Agora, neste livro, mostra como fazer fortuna ao seu estilo, contando toda a história sobre seu império e sobre como ensinou aos filhos o valor do dinheiro e do trabalho árduo.

TRUMP

ISBN: 978-85-352-1491-8
Páginas: 244

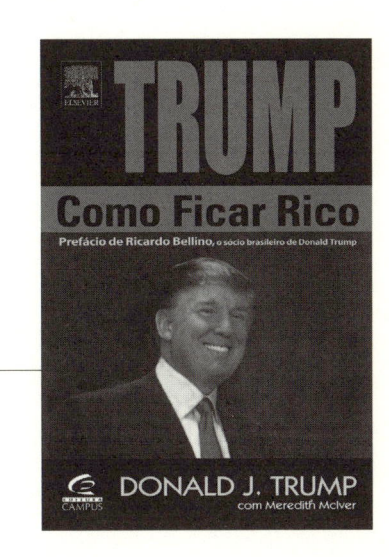

Trump ensina como cortar gastos, decidir quanto de risco assumir em um investimento, equilibrar as contas, impressionar, corrigir ou criticar qualquer pessoa e saber se seus amigos são leais. Este livro ensina o leitor a pensar como um bilionário, para aprender a ser, pelo menos, um bom milionário.

TRUMP: COMO CHEGAR LÁ

ISBN: 978-85-352-1734-6
PÁGINAS: 268

Cadastre-se e receba informações sobre nossos lançamentos, novidades e promoções.

Para obter informações sobre lançamentos e novidades da Campus/Elsevier, dentro dos assuntos do seu interesse, basta cadastrar-se no nosso site. É rápido e fácil. Além do catálogo completo on-line, nosso site possui avançado sistema de buscas para consultas, por autor, título ou assunto. Você vai ter acesso às mais importantes publicações sobre Profissional Negócios, Profissional Tecnologia, Universitários, Educação/Referência e Desenvolvimento Pessoal.

Nosso site conta com módulo de segurança de última geração para suas compras.
Tudo ao seu alcance, 24 horas por dia.
Clique www.campus.com.br e fique sempre bem informado.

www.campus.com.br
É rápido e fácil. Cadastre-se agora.

Outras maneiras fáceis de receber informações sobre nossos lançamentos e ficar atualizado.

- ligue grátis: **0800-265340** (2ª a 6ª feira, das 8:00 h às 18:30 h)
- preencha o cupom e envie pelos correios (o selo será pago pela editora)
- ou mande um e-mail para: **info@elsevier.com.br**

Nome: _____

Escolaridade: _____ ☐ Masc ☐ Fem Nasc: __/__/__

Endereço residencial: _____

Bairro: _____ Cidade: _____ Estado: _____

CEP: _____ Tel.: _____ Fax: _____

Empresa: _____

CPF/CNPJ: _____ e-mail: _____

Costuma comprar livros através de: ☐ Livrarias ☐ Feiras e eventos ☐ Mala direta ☐ Internet

Sua área de interesse é:

☐ UNIVERSITÁRIOS
☐ Administração
☐ Computação
☐ Economia
☐ Comunicação
☐ Engenharia
☐ Estatística
☐ Física
☐ Turismo
☐ Psicologia

☐ EDUCAÇÃO/ REFERÊNCIA
☐ Idiomas
☐ Dicionários
☐ Gramáticas
☐ Soc. e Política
☐ Div. Científica

☐ PROFISSIONAL
☐ Tecnologia
☐ Negócios

☐ DESENVOLVIMENTO PESSOAL
☐ Educação Familiar
☐ Finanças Pessoais
☐ Qualidade de Vida
☐ Comportamento
☐ Motivação

20299-999 - Rio de Janeiro - RJ

O SELO SERÁ PAGO POR
Elsevier Editora Ltda

CARTÃO RESPOSTA
Não é necessário selar

Cartão Resposta
0501200048-7/2003-DR/RJ
Elsevier Editora Ltda
CORREIOS

Sistema CTcP,
impressão e acabamento
executados no parque gráfico da
Editora Santuário
www.editorasantuario.com.br - Aparecida-SP